DIONYS. FRANC.
SECOUSSE, EQUES. IN PARIS.
CURIA PATRO. ET É REG. HUMAN.
LITTER. ACAD. 17

A o BRI FECIT

L'image Miraculeuse de Nostre Dame Reueree
depuis sept cent ans et plus en l'eglise du mont de Sion
Relig. Tiercelins de S. Fran: en Lorraine, au Comté de Vaudemont

HISTOIRE DE L'ANCIENE IMAGE MIRACULEUSE DE N. DAME DE SION

REVERE'E

DEPUIS PLUSIEURS SIECLES, EN L'EGLISE DES RELIGIEUX DU TIERS ORDRE St. FRANCOIS en la Comté de Vaudemont en Lorraine.

Par le R. P. VINCENT de Nancy Religieux du même Ordre.

A NANCY,

Par NICOLAS & RENE' les CHARLOTS, Imprimeurs Jurés de SON ALTESSE, & PIERRE DESCHAMPS auſſi Imprimeur.

Avec Approbation. 1698.

A SON ALTESSE

ONSEIGNEUR,

SI je n'étois bien persuadé que la pieté vous est chere, & que sur les impressions que vous en a‑ vés prises dés vos plus tendres an‑

ESPITRE

nées, elle vous portera toûjours à faire plus d'état des graces du Ciel que des grandeurs de la Terre, je me serois bien gardé de presenter cette Histoire à Vôtre ALTESSE, son Titre faisant assé connoistre qu'elle n'a rien d'agreable pour les esprits qui ayant peu ou point de Religion, ne goûtent que les choses ou elle n'a point de part, & qui font leur element des vanités du Monde.

Vous nétes pas de ce nombre MONSEIGNEUR puis que VÔTRE ALTESSE nous donne lieu à remarquer chez elle cette éclatante vertu si necessaire à l'affermissement de son Trône, & si vtile à luy attirer les Benedictions du Ciel : aussi étant comme elle est hereditaire en la Serenissime Maison de Lorraine,

ESPITRE

& aussi ancienne chez elle que cette Maison l'est dans le monde, il seroit surprenant de ne la pas voir briller en Vostre Altesse, dautant plus que pour vous attirer plus efficacement à son imitation, elle à paru d'une maniere si sensible dans ces illustres Parents qui vous ont donné l'être.

En effet, quelque gloire que Charles cinq & Eleonore Marie d'Autriche vos Tres-illustres Pere & Mere se soient acquise dans le monde, ou ils se sont distingués par tant de Fameux endroits ; il est certain que les vertus Chrétiennes qu'ils ont si assidûment pratiquées dans le cours de leur vie, les ont rendus incomparablement plus célebres, que toutes autres vertus militaires & Heroïques qui ont paru en

ESPITRE

leurs Persónes avec un éclat si pompeux : & c'êt en quoy ils ont fait voir que les Grandeurs du Siecle ne sont pas incompatibles avec les actes de Nôtre Ste. Religion & que Tertullien se trompa autrefois, quand il crût que la raison pour laquelle les Cæsars ne donnerent pas croyance à l'Evangile, quand il leurs fut préché, ce fut par ce qu'il étoit à son sens, impossible de faire un Chrétien d'un Cæsar & que la Sainteté ne pouvoit pas s'accommoder avec les Sceptres & les Couronnes. L'éxemple de ce grand Prince & de cette grande Princesse, à bien fait voir que ce fût la un erreur en l'Esprit de ce Fameux Affriquain & il à aussi trop s'ensiblement paru aux yeux de Vôtre Altesse, pour n'en pas être imité.

ESPITRE

C'ét ce quelle à dû faire avec d'autant plus de raison, qu'ayant formé le dessein, ainsi que le devoir d'un enfant le requiert, de representer chez elle, tout ce qui s'êt trouvé de grand & d'excellent en ses Illustres Parents, Elle ne seroit jamais arrivé à en fournir un Portrait achevé, si elle eut ômis d'y faire reluire ce qu'il y á eu chez eux de plus rare, & de plus recommendable.

Ce sera Monseigneur, par cette emulation que Vôtre Altesse parviendra heureusement au comble de la gloire, puis qu'elle ne sçauroit en acquerir de plus parfaite, qu'en imitant ces excellents models dont le merite ayant été sans borne & sans mesure, rendra quelque jour le sien de même qualité.

Le seul desir que vous avés eu de

ESPITRE.

le faire, vous à rendu par avance digne de cette gloire, puis qu'on la merite en quelque sorte, souhaitant de devenir vertueux ; mais vous avés fait plus, car adjoûtant l'action au desir, vous avés commencé à contretirer si parfaitement ce que vous y avés remarqué de grand, qu'on peut dire que vôtre vie, au terme ou elle est aujourdhuy, s'êt renduë dautant plus merveilleuse, que toute jeune qu'Elle est encor, elle est cependant devenüe déja exemplaire, en nous representant ce que nous ny voyons qu'avec étonnement.

C'est une sagesse surprenante & perfectionnée avant l'âge, c'êt une élevation d'Ame & une force d'esprit capable de penetrer les choses les plus sublimes, c'êt un genie sin-

ESPITRE

gulier pour des occupations serieuses, c'ét une bonté de Cœur sans égale, c'ét une prudence consommées, qui dans les autres Hommes, ne peut étre que la suite d'un grand nombre d'Années & qui peut MONSEIGNEUR, faire douter de vôtre jeunesse en vôtre presence, c'ét en un mot un courage, qui pour ne faire que commencer, est cependant tout grand & martial, & qui nous fait prevoir dans les ombres de l'avenir, que si l'occasion s'en presente, vous ferés dans la profession des Armes, les Miracles que Monseigneur vôtre Pere y à fait, qui luy ont attiré l'admiration de tout l'Univers & donné occasion à toutes les Nations de la Terre qui en ont été informées de parler en differens langages, celuy de ses loü-

ESPITRE

anges. Je produis pour caution ces premieres Campagnes, que Vôtre Alteſſe à faites en un âge ou il ſembloit qu'il ny avoit rien moins à attendre de ſa valeur naiſſante, que ce qu'Elle y à fait, puis que de ſes premiers coups d'eſſay, Elle en à fait des coups de Maîtres, leſquels en méme temps qu'ils ont montré aux ennemis qu'un grand courage n'a pas beſoin de temps pour faire ſes épreuves, les ont obligé à admirer le vôtre, aprés l'avoir reſſenti à leur domage.

Cela nous apprend Monſeigneur que vôtre Sereniſime Maiſon, étant comme elle eſt feconde en Heros, qui ont en tous les temps porté ſi loing & ſi haut, ſa renommée & ſes triomphes ; quand le Ciel vous à donné pour Pere le plus grand qu'on

EPITRE

vit jamais, il à marqué vôtre nom par dessus les autres & qu'il arrivera que vous ferés ainsi plus grand par vous méme, que par vôtre condition, ce seroit peu aussi si vous ne l'éties que par elle, les Couronnes qu'on trouve dans le Berceau, ou ausquelles on succede par un droit hereditaire, ne sont pas de fort grandes faveurs de la nature, quand elle seule à travaillé à les faire tomber sur la Tête de ceux qui les portent. On trouve aisement des égaux en ce genre de grandeur, qui ne couronne pas parfaitement un Prince, celle-la le fait mieux, de laquelle on à jetté de ses propres mains les fondements par la vertu qui réleve la gloire d'une Famille, par celle des actions, & qui fait dire d'un Prince devenu grand par cét endroit, que

ESPITRE

la moindre de ses qualités, est d'être Prince par sa naissance. C'est Monseigneur ce que quelque jour vous ferés dire de vous.

De la maniere que vous commencés vôtre carriere, il n'est personne qui ouvrant les yeux pour envisager les demarches par ou vous montés si hativement à la gloire, & qui prestant de méme les Aureilles pour entendre ce que la renommée à commencé d'en publier ne soit en état, sans se prevaloir d'estre profete, de faire ces presages certains; c'est ce que promettent ces grandes qualités qui brillent en Vostre Altesse & qui se rendent si sensibles chez elle dés l'Orient de son regne. Comme i'ay reconnu parmi elles la pieté qui en est comme la baze, & celle qui les affermira, i'ay creû que

ESPITRE

je ferois bien de luy offrir ce petit ouvrage, qui n'ayant été fait que pour favoriser cette vertu, ne manquera pas Si Voſtre Alteſſe daigne bien baiſſer les yeux pour le regarder, d'élever ſon Cœur au culte de la Tres-Ste. Vierge Marie Mere de Dieu.

C'eſt vn devoir Monſeigneur des plus eſſentiels de Noſtre Religion auquel les Anges & les hommes, & les Souverains méme d'entre les hommes, ſont tenus auſſi bien que leurs ſujets. Il eſt fondé ſur les incomparables prerogatives dont les trois Perſonnes que la foy nous fait adorer en la Divinité, ont bien voulu enrichir cette Vierge, qui nous obligent à la regarder comme vn chef d'œuvre de la nature & de la grace, ou nous voyons éclater

ESPITRE

mil rayons de gloire qui portent la ressemblance des proprietés qui leurs sont personnelles, & qui l'élevent bien au dessus de tout ce qu'il y à de crée. Il est dailleurs, sur ce qu'étant la souveraine distributrice de toutes graces, le Canal par ou Dieu les fait deriver en nos cœurs, nôstre Mediatrice avec son Fils, bien que ce ne soit pas comme luy, par voye de Justice, mais simplement de supplication, la muraille, (comme elle le dit elle même au livre des cantiques) qui nous met à couvert des vengeances divines, & la tour ou nous trouvons un azile assuré, c'ét à elle qu'il faut necessairement recourir pour en être secouru & protegé.

Cant. c. 8.

Un endroit propre à remplir ces devoirs, c'ét à dire à honorer Marie,

ESPITRE

& à la réclamer, c'ét celuy que je marque en ce livre, c'ét la Ste. Montagne de Sion dans la Comté de Vaudemont, au milieu & comme au centre des Estats de vôtre Altesse, que la Ste. Vierge semble avoir particulierement choisi pour y recevoir les honneurs des fideles, en vne de ses Jmages qui y est reverée depuis plusieurs siecles, & qu'elle à aussi rendu l'instrument d'une infinité de prodiges, qu'Elle y à dés long temps operés, en faveur de ceux qui y sont venus implorer son secours.

C'est la Monseigneur, ou les pieux ancestres de Vostre Altesse ont toûjours étés fidéles de porter leur hommages, & de consacrer aux pieds de cétte Reine du Ciel, l'honneur de leur Cou-

ESPITRE

ronne, & ou ils ont de méme favorablement trouvé la protection, & ressenti les effets de sa Misericorde, autant de fois qu'ils l'ont invoquée en leurs besoins ; ce qui donna occasion à Feu Monseigneur le Duc François d'Heureuse memoire vôtre tres honnoré Bisayeul & notament depuis qu'il en eût receu vne grace fort speciale, qui assura la Couronne de Lorraine en sa Famille, en faveur des Mâles, & à l'exclusion des Femmes, d'ou elle est venuë sur la tête de vôtre Altesse, d'y faire construire vn Monastere pour y loger vn nombre de Religieux, lesquels en méme temps qu'ils seroient la comme les gardes de cette Reine, comme les depositaires de sa Ste. Image, comme les Officiers de sa Maison, & les Prêtres de

ESPITRE

fon faint Temple, devoient étre chargés de luy prefenter continuellement leurs prieres pour la confervation & profperité des Princes & Princeffes de la Sereniffime Maifon de Lorraine.

C'eft à quoy MONSEIGNEUR nous fatisferons toûjours avec autant de zele que de fidelité, ne ceffant pas de conjurer cette bône Mere, de vouloir porter fon Fils, à les prendre fous fa garde fpeciale, & à donner plus particulierement à Vôtre ALTESSE une bonne & longue vie, toute profperité en fon regne, & la benediction fur ce Mariage, qui la liant ave l'ALTESSE de MADAME, nous donne la joye d'en voir naître des fruits de l'heureufe fecondité que nous y defirons, ou VOS ALTESSES

ESPITRE

qui ont recueilli en elles mémes toutes les vertus, qui ont paru avec pompe dans cette longue suite de tant de fameux Princes, desquels elles sont descendües, les fasse passer comme un heritage cómun de leur gloire, pour être en eux les principes des grandes actiōs que l'Estat en poura desirer pour leur gloire & sa felicité. Ce sont les vœux de vos tres-humbles & tres-obeïssants sujets & Orateurs, & plus particulierement de celuy qui est avec autant de respect que de passion.

MONSEIGNEUR

DE VOSTRE ALTESSE

Le tres-humble & tres-fidel serviteur & Sujet. F. VINCENT de Nancy Religieux du troisiéme Ordre de S. François.

APPROBATIONS
DES DOCTEVRS EN THEOLOGIE.

NOVS Soubsigné Docteur en Theologie, licentié aux droits, Prothonotaire du St. Siege Apostolique, & Curé de la Paroisse de St Sebastien, Ville Neufve de Nancy certifions avoir lû vn livre en Cayers qui à pour titre, *Histoire de l'ancienne Image de N. DAME de Sion*, composée par le Reverend Pere Vincent de Nancy Diffiniteur Provincial de la Province de France & Lorraine des Religieux Tiercelins, dans lequel nous n'avons rien trouvé qui ne soit conforme aux sentiments de l'Eglise Catholique Apostolique & Romaine, ny aux bonnes mœurs, l'ayant jugé au contraire tres propre pour exciter les fideles à l'amour & confiance de la Ste. Vierge, les porter à y avoir recours en leurs besoin. En foy de quoy Nous avons signé à Nancy ce 1 d'Avril 1698.

Signé, PHVLPIN.

JE Soubsigné Prestre, Docteur en Theologie de la faculté d'Avignon, certiffie avoir lëu *L'Histoire de l'Image Miraculeuse de N. Dame de Sion*, composé par le Reverend Pere Vincent de Nancy, Diffiniteur du troisiéme Ordre de St. François, ou l'Atheur à fait paroistre sa Pieté & son erudition, & ou je n'ay rien trouvé de contraire aux sentiments de l'Eglise Catholique, Apostolique, & Romaine, ny aux bonnes mœurs. En foy dequoy je me suis Soubssigné. A Houdreville ce 20. Mars 1698.

Signé, DVRAND, Curé de Houdreville.

APPROBATION

DES THEOLOGIENS DE L'ORDRE.

NOVS Soubsignés, ayant par le commandement de Nôtre Reverend Pere Provincial examiné cette *Histoire Miraculeuse de N. Dame de Sion*, faite par le Reverend Pere Vincent de

Aprobation.

Nancy Diffiniteur Provincial, & Predicateur de Nôtre Ordre, rendons témoignage au Lecteur, qu'il n'y trouvera rien de contraire à la Doctrine de l'Eglise & aux bonnes mœurs, mais beaucoup de choses tres vtiles à luy jnspirer de grands sentiments de respect & de confiance envers la tres STE Vierge, & à donner de nouveaux accroissements à la devotion qu'il peut avoir pour elle. En foy dequoy Nous avons signés.

 F. BARNABE' d'Haraucourt,
  Lecteur en Theologie.

F. HIACINTE d'Amance, Lecteur en Theologie Morale.

PERMISSION
DV R. PERE PROVINCIAL.

NOVS Soubsigné Ministre Provincial des Religieux du tiers ordre ST. François de la Province de France & Lorraine permettons au Reverend Pere Vincent de Nancy, Diffiniteur &

Permission.

& Predicateur de nôtre méme Ordre & Province, de faire Imprimer vn ouvrage intitulé, *L'Histoire de l'Image Miraculeuse de N. Dame de Sion*, dans la Comté de Vaudemont en Lorraine aprouvé par deux Theologiens de l'Ordre, qui n'y ont rien trouvé qui ne soit conforme à la Saine Doctrine & aux bonnes mœurs. Donné en Nôtre Couvent de Nôtre Dame de Graces dit Picpus pres Paris ce 25. Fevrier 1698.

F. GREGOIRE de Paris, Ministre Provincial.

PREFACE

L'ANCIENNE Image miraculeuse de la tres-Sainte Vierge Marie Mere de Dieu reverée depuis plusieurs siecles sur la Montagne de Sion dans la Comté de Vaudemont en Lorraine, s'est renduë si celebre par les prodiges qu'elle à faits en faveur de tous ceux qui avec confiance ont imploré son secours qu'on a sujet de s'étonner que depuis tant de temps personne n'en ait donné au Public vne Histoire exacte & fidele, & que l'on se soit contenté d'en faire l'Eloge en general & en peu de mots, sans rien raporter de cette sainte Montagne, de la fondatiõ de son Eglise, & des miracles qui y ont éclaté de temps en temps.

Neantmoins comme il n'y a rien qui deplaise davantage à Dieu que l'ingratitude qui est la racine de tout le mal spirituel, un vent qui desseche & qui brûle tout le bien,

Preface.

& qui comme dit S. Augustin ferme le Canal de ses misericordes sur les Enfans des Hommes, & qu'il n'y a rien qui nous soit plus recommandé dans l'Ecriture que de les annoncer ; j'ay crû que pour reconnoistre les bien faits qu'il a bien voulu nous accorder par sa Mere, j'ettois obligé d'en publier les Grandeurs, & de faire une narration exacte & reguliere de tout ce qui regarde son Image miraculeuse, & l'Eglise qui luy est dediée sur la Montagne de Sion, de crainte qu'en ne faisant pas connoistre tant d'effets de ses bontés, elle ne nous dise ce que Dieu dit autrefois a son peuple par un Profete ; I'ay nouri & élevé des Enfants, mais ils m'ont méprisé.

Isi. c. 1.
v 2.

On me dira peut estre que la Sainte Vierge n'a pas besoin de nostre secours, pour faire connoistre ses excellences, & les rendre venerables à tout le monde, que l'antiquité & le grand nombre des miracles qu'elle à faits en ce saint lieu, que le concours des Peuples qui y abordent de toutes parts pour recevoir ses bien faicts & luy témoigner leur Zele, & leurs respects, sont autant de Trompettes qui annoncent a tout le monde Chrêtien la puissance & la grandeur de Marie, & que ce-

Preface.

la suffit pour luy donner des marques de nôtre amour, & de nos reconnoissances.

Mais si Dieu ne se contentoit pas autrefois que sa Puissance & sa bonté fussent connuës des Iuifs par les Miracles continuels qu'il faisoient en leur faveur, & par la protection qu'il leur donnoit s'il vouloit encor que l'on écrivist dans les Livres tout ce qu'il avoit fait pour eux, afin que leur posterité le connût & luy en rendit d'eternelles actions de graces. Nous devons aussi recueillir tres fidellement tous les effets de la puissance & de la bonté de Marie, afin que ceux qui viëdront apres nous, suivant l'exemple de leurs Peres, conçoivent des sentimens d'estime & de reconnoissance pour cette Mere de Dieu, & mettent toutte leur confiance en elle.

Il seroit a souhaitter que ceux qui nous ont precedé fussent entrés dans ce dessein, nous sçaurions quelque chose de l'origine de la Sainte & Miraculeuse Image de N Dame de Sion, de sorte que nostre foy sur cet article estant fondée autant sur l'Histoire écrite que sur des miracles certains, & sur une tradition constante, il n'y auroit rien sur ce sujet qui pû faire la moindre peine aux es-

Preface.

prits incredules & opiniatres; Quoy qu'il en soit, je vay tâcher de faire connoître d'une maniere precise & abbregée tout ce qu'il y a de plus remarquable & de plus certain touchant cette Image de N. D de Sion, dont je veux invoquer le secours & les lumieres avant que de commencer.

INVOCATION

DE LA TRES-SAINTE MERE de Dieu.

TRES-Sainte, tres-innocente & tres-pure Mere du Verbe aneanty, Souveraine Princesse des Anges & des Hommes, puis que vous étes le canal par ou dérivent les graces qui sont communiquées aux Hommes, & que c'est par vos mains que l'adorable Iesus répend sur toutes les creatures les benedictions qu'il veut bien leurs donner. Permettez à un pauvre Pecheur que la confiance conduit a vos pieds de pou-

Invocation.

voir prendre quelque part en ces faveurs dont vous enrichissés la terre; j'ay bien ozé tout pauvre que je suis entreprendre de vous satisfaire sur une ancienne debte dont on vous est redevable, depuis que vous avés bien voulu choisir la Montagne de Sion pour y faire vôtre sejour, & un lieu de graces & de faveurs, d'où elles devoiết découler abõdamment pour rendre fertiles les Valées qui l'environnent, c'est en couchất par écrit les avantages qui nous reviennent du choix de ce sejour, & les obligations que tant de particuliers vous ont depuis si long temps pour les avoir retiré de leurs miseres par les miracles extraordinaires que vos mains toutes puissantes ont faits en ce saint lieu.

Cette debte n'est pas seulement de nos jours, elle est dés longtemps contractée, on ne sçauroit la desavoüer sans devenir ingrats, mais il faut aussi essuyer en l'avoüant la honte d'avoir trop tardé a en faire le payement, entreprenant d'y satisfaire en mon particulier. Aggréés en s'il vous plaist l'action, &

Invitation.

me mettez en état de bien remplir ce deſſein, qui n'a pas d'autre but que l'augmentation de voſtre gloire, & l'accroiſſement de la devotion des ames qui ayment a vous honorer & ſervir.

Ie ſçay que les Hommes ne peuvent rien racompter pour vous faire honneur a moins que voſtre doigt ne leur ouvre la bouche, & qu'il faut que l'eſprit dont vous avés receu toutes les plenitudes en purifie les levres, & que leurs plumes, quelques eloquentes qu'elles puiſſent eſtre, ſont encor moins capables d'exprimer au juſte la moindre de vos excellences, ſi elles n'y ſont preparées par vos graces. C'eſt ſur cet aveu que je vous en demande la communication, pour ne rien coucher en cet écrit qui ſoit indigne de vous, & je le fais avec d'autant plus de raiſon, que je ſçay que ma bouche, mes levres, & ma plume ſont les plus indignes à toucher les matieres qui vous regardent.

Mais permettés moy d'ajouſter auſſi que je ſçay que comme celle qui a reveſtu de noſtre chair le Verbe de la

Invocation.

vie, la peut donner aux Morts & l'ufage de la voix aux Rochers les plus durs, elle peut auffi fe fervir de la foibleffe du plus chetif des hommes pour faire éclater fes vertus, comme elle peut avec un inftrument fort foible operer des merveilles; faites-le, Vierge Sainte, en cette occafion, établiffés vôtre puiffance en mon infirmité, j'ay efperance que vous le voudrés bien, puis que vous pouvés aifement ce que je vous demande.

TABLE
DES CHAPITRES
CONTENVS EN CE LIVRE.

CHAPIRE I.

LA Montagne de Sion est choisie par la Sainte Vierge pour s'y faire honorer par les hommes, & les combler de ses faveurs.

Chap. II.
Le choix d'une Montagne fait par Marie, pour y faire sa demeure, favorise ses desseins.

Chap. III.
La gloire du nom de Sion dont Marie à fait le choix, & les divers endroits de l'univers qui en sont honorés.

Chap. IV.
Situation de la Montagne de Sion,

Table.
Chap. V.
Antiquité de la Montagne de Sion.
Chap. VI.
L'état present de la Montagne de Siō & ses aggrements.
Chap. VII.
Le temps auquel fut bâtit le Temple de Marie sur le mont de Sion, & qui fut celuy qui le fit ériger.
Chap. VIII.
Que l'Image de la sacrée Vierge cōmença dans le méme temps à se rendre celebre par ses miracles, sur le mont de Sion.
Chap. IX.
De quelle matiere est la sainte Image de Sion.
Chap. X.
La forme exterieure de l'Image de Sion.
Chap. XI.
Comment la sainte Vierge sur la publication de ses premiers miracles attira les Peuples à la venir honorer en son Image sur le mont de Sion.
Chap. XII.
Establissement de la Comté de Vau-

Table.

demont, qui à fourny en que ques un de ses Seigneurs des serviteurs à Marie, aussi bien que des Peuples qui ont reveré sa sainte Image à Sion.

Chap. XIII.

Les premiers Comtes de Vaudemont fidels à honorer la sainte Image de Sion.

Chap. XIV.

Comment Henry premier & Henry second Pere & Fils & sixiéme & septiéme Comtes de Vaudemont, furent severement punis pour leur impieté envers la sainte Image de Sion.

Chap. XV.

L'amour & les respects particuliers de Henry troisiéme Comte de Vaudemont, & d'Isabelle de Lorraine sa Femme envers la sainte Image de Sion.

Chap. XVI.

Pieté de Ferry de Lorraine douxiéme Comte de Vaudemont envers la sainte Image de Sion.

Chap. XVII.

Le méme Ferry établit un Ordre de Chevalerie pour faire honorer plus particulierement

Table.

ticulierement la tres-sainte Vierge en son image de Sion.

Chap. XVIII.

Comment un voleur étant entré de nuict dans le Temple de Sion, & ayant osé dépoüiller l'Image de Marie, y fut arrêté par une vertu divine.

Chap. XIX.

Autre Histoire d'un second voleur du Temple de Marie, qui fut pareillemét arrêté par la justice Divine.

Chap. XX.

Victoire memorable de la sainte Image de Sion, remportée sur l'heresie en la personne du Prince d'Orange, & de ses Troupes.

Chap. XXI.

La devotion des Princes de la Maison de Lorraine, envers la sainte Image de N. D de Sion   Chap. XXII.

Vœu fait à la sainte Vierge de Sion, par François Comte de Vaudemont, sur lequel il fut heureusement exaucé.

Chap. XXIII.

L'execution du vœu de Monsieur le Duc François en l'établissement des Re-

Table.

ligieux du troisiéme Ordre de St. François sur le Mont de Sion.

Chap. XXIV.

Les devoirs particuliers des Religieux du troisiéme Ordre de St. François établis sur le Mont de Sion.

Chap. XXV.

Le Duc Charles voyant sa fondation réüssir à la gloire de Marie, & à l'utilité de ses Peuples, s'en réjoüit, & dône de nouveaux accroissements à sa pieté envers la sainte Image

Chap. XXVI.

Vœu de la Ville de Nancy, fait à N. Dame de Sion, pour obtenir par son intercession le retour du Prince dans ses états, & la fin des maux qui les accabloiét

Chap. XXVII.

L'heureux retour du Duc Charles en ses états, & les nouvelles marques de sa pieté envers la Ste. Image de Sion.

Chap. XXVIII.

Plusieurs Miracles operés par l'jnvocation de nostre Dame de Sion.

Chap. XXIX.

Autres graces accordées par Marie sur le

Table.
St. Mont de Sion beaucoup plus importantes que celles qui regardent la guerison des Maladies du Corps.

Chap. XXX.
Methode pour bien faire le Pelerinage de Sion.

CHAPITRE PREMIER.

LA MONTAGNE DE SION EST choisie par la Ste. Vierge pour s'y faire honorer par les Hommes & les combler de ses Faveurs.

OMME la Sainte Vierge s'est acquise par sa dignité de Mere de Dieu un droit de Souveraineté sur tout l'Univers, en sorte qu'on ne peut, sans offencer sa gloire, luy disputer la qualité de Reine des Anges & des Hommes, de Souveraine du Ciel & de la Terre & de Maîtresse absolüe de toutes les Creatures, il luy est libre de s'en faire honnorer par tout & d'éxiger des Hommes les homages qu'ils luy doivent, en tel endroit qu'il luy plaît de choisir, pour cét effet, & pour leur distribuer particulierement ses graces & ses bien-faits. Et ceux-cy luy sont si redevables pour leurs avoir donné un Re-

dempteur en la personne de son Fils, & pour être comme elle est, le canal par ou s'écoulent & derivent en leur cœurs, les graces qu'ils en reçoivent, qu'ils ne peuvent manquer à un si juste devoir, sans devenir ingrats, & sans marquer leur insensibilité a leurs propres interests.

Tous lieux sans nulle distinction peuvent être utils à cette Sainte Vierge pour l'execution de ses desseins, aussi voyons nous quelle ne se fixe pas determinement à quelque uns a l'exclusion de tous les autres, cóme le Profete Royal invite indifferemment les montagnes, les Vallées, les Forets & les Abysmes, la Mer & la Terre à chanter les Loüanges de Dieu, & à benir le nom de celuy qui les a faits: Marie peut semblablement faire choix à sa discretion de toute sorte d'endroits, pour de méme y faire chanter les siennes, & y establir la source des benedictions qu'elle veut bien répandre sur la terre, ainsy que l'experience l'a fait voir iusqu'à present; & c'est par le moyen des Saintes & miraculeuses jmages qu'elle y à exposé dans le temps, pour y être plus particulierement bonnorée, & en faire les instruments de sa misericorde.

Psal. 148

C'est ainsy qu'elle à coutume de se comporter envers nous, elle ne descend pas d'ordinaire du sejour de sa gloire, icy bas, pour y converser avec les hommes; sa demeure est au Ciel, les Anges & les Sts. qui y sont élevés, on l'honneur de iouïr de sa presence, & de voir pour surcroist de leur beatitude les beautés de la face de celle qui les à mise en estat par sa production de posseder ce qui les rend heureux; mais voulant avoir commerce avec les hommes, en recevoir des honneurs & des respects, & les combler de ses dons & de ses faveurs; elle le fait comme i'ay dit par le moyen de ses Images, qui nous sont presentées par ses soins, en des lieux particuliers choisis expréz de sa part pour ce sujet, afin que nous l'y reverions, & qu'élevant nostre confiance en elle sur ces signes de sa bonté & de sa misericorde, & sur ces sacrés instruments d'ont elle veut bien se servir pour nous faire du bien, nous y ayons recours en nos necessités.

C'est ainsy que la pieté Chrestienne nous doit faire envisager les Images de cette Ste. Vierge, il faut bien nous garder d'attribuer aucune vertu au bois, à la pierre, ou au marbre qui en font la matiere ; on doit les considerer comme des signes qui nous representent ce qu'elles marquent, & ne les honorer que par la relation qu'elles ont à la verité qu'elles signifient, ainsy Marie est honorée en elle mesme par l'honneur qu'on rend à ce qui la represente dans les lieux ou ses Images deviennent miraculeuses, & par leur moyen on attire sur soy ce qui peut être necessaire en cette vie pour l'ame

& pour le corps.

Envisageons la Montagne de Sion comme vn de ces Sts. lieux qui sont choisis par Marie pour ses admirables desseins : l'amour qu'elle à eu pour cét endroit à fait qu'elle la distingué de beaucoup d'autres, & l'a porté à y fixer son choix. Mais ne regardons pas ce choix qu'elle en à fait cóme vn œuvre de ce siecle, cóme vn avantage survenu en nos jours, il faut monter plus haut pour en trouver le temps, je le marqueray en son lieu, pour juger que la Ste. Vierge à pensé déz long temps au bien de la Province ou cette Montagne est scituée : & d'ailleurs pour faire remarquer que si l'antiquité donne quelque rayon de gloire aux sujets ou elle peut estre observée ; sa Ste. Image de Sion doit être estimée d'autant plus Illuste & glorieuse qu'on verra qu'elle à precedé de plusieurs siecles, toutes celles qui ont esté depuis honorées en divers lieux de la Lorraine, soubs le tiltre de Miraculeuse.

CHAPITRE II.

Le choix d'une Montagne, fait par Marie pour y faire sa demeure, favorise ses desseins.

C'Est une conduite assé ordinaire de la Providence de Dieu de choisir dans les temps, & par les lumieres de sa sagesse incréé, des lieux particuliers, pour l'operation de ses plus grandes merveilles, sans que la creature ose se promettre de pouvoir de ses plus fortes idées en approfondir les raisons, quoy qu'il luy soit permis de les rechercher avec humilité.

Qui peut douter que quand ce Dieu de gloire apparut autrefois à Moïse dans un Buisson ardent au milieu d'un affreux Desert, que quand il choisi la Montagne de Sinaï pour luy donner les deux Tables de la Loy du Decalogue, pour la faire connoître aux hommes, que quand il montra à Abraham une autre Montagne, ou il voulut qu'il luy sacrifia son Fls, que quand il ordonna le lieu & la structure du Temple que Salomon luy bâtit, & qu'il choisit si distinctement tous les endroits ou

Jesus-Christ son Fils devoit accõplir les Misteres de nôtre Redemption: Qui peut douter dis je qu'il n'ait eu des raisons pour en user ainsi.

Ne doutons pas de méme que Marie n'en ait eu, sur le choix qu'elle a fait d'une Montagne, pour s'y faire respecter par les hommes, & y signaler sa puissance par tant de fameux miracles, qu'elle y a bien voulu operer, par le moyen de sa sainte Image; on peut dire assé à propos ce me semble, qu'elle la fait par conformité à la conduite de son Fils, lequel vivant icy bas, choisi autrefois les Montagnes pour y faire les plus memorables de ses œuvres, ce fut en effet sur une Montagne ou il fit cette belle Predication des huit Beatitudes, qui enferme toute la morale de la Religion Chrêtienne, & les regles de la plus haute perfection: Ce fut sur une Montagne ou il nourrit cette grande multitude de Peuples, qui charmés des douceurs de sa divine parole, l'avoient suivi jusque dans un desert, ou il les rassasia avec cinq petits Pains & deux Poissons qu'il multiplia par sa vertu divine, au delà méme de la necessité. Ce fut sur une Môtagne ou il voulû bien découvrir quelques rayons de sa gloire à trois de ses Disciples, pour animer leur esperance & la nôtre, sur les justes pretentions qu'il nous a acquises sur cette gloire par le prix de son Sang, lors qu'il avoit à traiter avec son Pere, des affaires de

Math. c. 5. v 29

Mat. c. 17 v. 1.

nôtre salut; Nós Saints Evangelistes ont remarqué qu'il se retiroit ordinairement en une Montagne ou il passoit les nuits en Oraison, avant que de mourir réellement, voulant comme éprouver son courage, par une mort mystique. Quand il voulut donner à son Eglise le Sacrement Auguste de son Corps & de son Sang, il alla sur la Montagne de Sion pour l'instituer, & il choisit encor le Mont de Calvaire pour y mourir, & celuy des Oliviers pour monter au Ciel: Ainsi les Montagnes par le choix de ce divin Sauveur, ont esté les Theatres de ses actions les plus celebres, & les plus éclatantes. C'est par les lumieres du même Esprit qui a conduit le Fils, que la Mere à pareillement fait choix d'une Montagne pour l'execution de ses desseins, comme d'un lieu qui leurs convient le mieux, & qui leurs est le plus propre, & le plus favorable, observez-le sur ce que je va dire. *Luc c. 6. v. 12.*

Elle a voulu estre honorée par les hommes sur la terre, comme elle l'est par les Anges dans le Ciel; elle leur presente pour cet effet son Image pour recevoir les honneurs qu'elle pretend; rien ne nous attire mieux à les luy rendre que lors que nous la voyons élevée; les Roys ne sont jamais mieux en état d'en recevoir de leur sujets, que quand ils paroissent élevés sur la Majesté de leur Trône, nous cedons le haut bout a ceux que nous voulons honorer, & pour paſſer des choſes prophanes à celles qui ſont ſacrées, un Prêtre éleve la ſainte Hoſtie audeſſus de ſa Teſte apres qu'il là conſacrée & que par les paroles Sacramentales qu'il a pronócées, il en à changé la ſubſtance qui n'eſtoit que du Pain, en celle du Corps de Jeſus-Chriſt ; ne croyés pas que ce ſoit ſeulement pour la faire adorer par les peuples en la leur preſentant ; c'eſt pour dire que c'eſt la le grand ouvrage de Dieu, qui ſurpaſſe tous les autres, ou ſon amour, ſa ſageſſe, & ſa puiſſance ſont entierement épuiſés, qui merite pour cela d'eſtre élevée au deſſus de toutes les autres œuvres de ſes mains, & que s'il étoit en ſon pouvoir, il là porteroit juſque au deſſus des Cieux pour luy donner une juſte ſituation.

Ainſi une Montagne qui par ſa hauteur ſe diſtingue des Vallées, & qui ſemble par la avoir comme une eſpece de preeminence ſur le reſte de la Terre, convient admirablement bien au deſſein de Marie, lors qu'y plaçant ſon Image, elle ſe preſente pour y eſtre honorée, dautant mieux que cette hauteur nous conduit à vne reflexion qu'il eſt neceſſaire de faire pour pouvoir l'honorer parfaictement, qui eſt d'enviſager ſes grandeurs & ſes excellences, leſquelles exigent de nous ces honneurs que nous luy devons.

De vray c'eſt la le veritable fond des reſpects

que le Ciel & la Terre luy doivent, jamais on ne fera faute en l'honorant par trop, par ce qu'on ne comprendra jamais bien les grandeurs ou ses graces l'on portée, qui sont telles, qu'elle ne voit que Dieu seul au dessus d'elle; & toutes les Creatures sans nulle exception au dessous; aussy est elle exprimée en cét état par la Plume d'Isaïe soubs le nom d'vne Montagne, en laquelle le verbe Divin à trouvé vne Maison en s'jncarnant en ses pures entrailles, & qui à l'avantage par ses hauteurs de surpasser le sommet de toutes les autres *Præparabitur mons domus Domini in vertice montium.* ce qui signifie au sens de la plus part des Peres, soubs la plume desquelles sont tombées ces paroles, que par les graces qui luy ont été conferées pour la preparer à la qualité de Mere de Dieu, & celles qui l'ont suivi pour la mettre en état d'en soûtenir la dignité. Elle à surpasé toutes celles qui ont esté conferées aux Anges & aux Hommes les plus Sts. & que par consequent elle se trouve élevée au dessus de toute espece de Creatures quelques sublimes qu'elles puissent estre.

Isaï 2. v. 2.

C'EST la dequoy il faut estre necessairement prevenu, pour estre porté plus puissamment à honnorer parfaictement cette eminente Creature digne de toute gloire & de tout honeur, & c'est ou nous conduit la hauteur des Montagnes, ou nous nous élevons par nos pas pour les luy deferer : j'avoüe que c'est d'vne maniere jmparfaite, puisque les plus hautes ne nous sçavroient marquer le moindre degré de ses elevations, & qu'il en faut bien d'autres que celles qui paroissent à nos yeux pour fournir quelques idées des grandeurs de cette Vierge ; cependant on ne peut disconvenir, qu'elles ne nous en donnent qu'elqu'vnes; elles est comparée dans l'Ecriture au Soleil & à la Lune, elle a neantmoins plus de clarté en l'état de sa gloire que ce premier Astre n'en *Cant.* **a.** eut jamais au plus beau de ses jours, & ses *6. v. 9.* charmes surpassent sans doute les beautés de la Lune ainsy que ses excellences la font aller bien au dela de toutes celles des autres Creatures dont le St. Esprit s'est servi pour nous les exprimer; ainsy si vne Montagne, quelque haute & élevée qu'elle puisse estre, n'en exprime pas au juste les grandeurs non plus que toute autres Creatures ausquelles elle est comparée, elle en est au moins le signe & le simbole ; & c'est ce qui me fait croire qu'vn devot Pelerin se trouvant aux pieds de la Ste Image de Marie sur le Mont de Sion , pour remplir le devoir respectueux qu'il y vient acquitter ne peut luy rien dire de mieux que ces paroles.

Vierge Ste. digne Mere de nostre Dieu, à qui tout honneur est dû avec tant de justice, recevés s'il vous plaist celuy que le plus indigne de vos serviteurs est venu vous rendre e nce St. lieu, le droit que vous avés d'exiger ce devoir de nous, est le fond de vostre merite & de vos excellences, qui vous élevent au dessus de tout ce qu'il y a de crée, les montagnes par leur hauteur nous en donnent quelques idées & quelques expressions.

C'est ce que faict avantageusement celle cy, sur laquelle ie me trouve, & qui m'a donné lieu de vous dire, que vous croyant infiniment plus haute, au dessus de tous les chœurs des Anges, toute voisine des trois adorables persones, que la foy nous faict adorer en l'jneffable Mistere de la Ste. Trinité, avec lesquelles vous estes entrée en vne alliance si étroite, & comme en leur parenté · ayant esté faite la Fille du Pere, la Mere du Fils, & l'Epouse du St. Esprit; je vous rend mes tres humbles respects, en l'état de ces grandeurs ou vos graces vous ont si avantageusement élevée. O Ste. Montagne de Sion que tu més favorable de me conduire ainsi par ton élevation à celle que je suis venu venerer en ce lieu en la Persone de Marie dont l'Image à esté par ses soins, portée sur ta Cime, pour donner occasion à y monter & à luy rendre les honneurs qu'on luy doit.

Mais Marie, au choix de cette montagne, à encor eu un autre dessein, c'est celuy de nous faire entendre, que cette mesme Image qui l'a representé en ce lieu, y estant comme vn signe de ses misericordes, nous devons en attendre l'écoulement de toutes graces & faveurs avec la mesme profusion que l'on voit couler des montagnes dans les vallées & les campagnes ce qui les rend fertiles en toutes sortes de productions, c'est en effet du sein des montagnes, qu'on voit partir les fontaines, dont les eaux sont si necessaires dans la nature pour les vsages de la vie, elles portent les Beaumes, L'encens, la Mirrhe, & vne infinité de simples si vtiles à la guerison de nos maux ; on tire de leurs entrailles le Marbre, le Iaspe & le Porphire pour servir à la Structure & l'Ornement des Temples & des Palais des Princes, & mesme ses pretieux metaux qui ont la vertu de se faire adorer, aussi bien que les Diamans & autres Piereries, en vn mot, c'est de leur abondance que se répandent dans les vallées voisines ces humeurs grasses & succulentes qui servent à les rendre si fecondes pour la production de tout ce qu'on en attend.

Ne doutés pas que la montagne de Sion choisie par Marie ne doiue estre en cette sorte favorable à tous nos besoins. Regardons la sur le choix qu'elle en à faite comme vne source fertile en toutes benedictions, son dessein à êté que les eaux salutaires de la grace en coulassent en nos ames pour les nettoyer de toutes les

taches

taches du peché, & les rendre en les arrosant fertiles en la production du bien & de la vertu que les mêmes beaumes & tous autres remedes s'y trouvassent pour servir à la guerison de toutes sortes de Maladies de nos Corps & de nos esprits; ce qu'il y a de plus rare & de plus pretieux dans le sein des Montagnes, n'approchera jamais en prix & en valeur, des dons surnaturels qui nous viendront de celle cy; elle fera descendre en nous les liqueurs & les Onctions qui nous rendront feconds en toutes sortes de bonnes œuvres, & sans lesquelles comme des terres Steriles & maudites, nous ne porterions que des épines & des roces.

Tels sont les desseins de Marie, desquels elle à pretendu nous donner vn fovorable prejugé par le choix qu'elle à faict d'vne montagne pour y placer son Image, ce qui la doit rendre si abondante en toutes graces & benedictions, qu'on peut en dire la mesme chose que le Profete Couronné disoit autre fois de la montagne de Selmon figure de la nostre, & qu'il nommoit la Montagne de Dieu; qu'elle seroit grasse & fertile, & nesépui seroit pas pour ses communications, *Mons Dei mons pinguis, Mons coagulatus.* d'autant que Dieu l'avoit choisi pour y faire sa demeure. *Mons in quo beneplacitum est Deo habitare in eo* il faut dire tout le même de la montagne de Sion, ou il à pleu semblablement à Marie d'établir son sejour.

Psal. 69. v. 16 & 17.

B

CHAPITRE III.

La gloire du nom de Sion, jmposé à la Montagne dont Marie á faict le choix, & les divers endroits de l'vnivers qui en sont honorés.

L'Agreable, & le beau nom de Sion, fu autre-fois fi celebre dans l'ancien Teftament: il reçeut tant d'éloges par la Plume des Profétes, & fut fi hautement loüé par celle de tous les autres écrivains facrés, qu'il feroit difficil d'en trouver quelqu'vn qui ait eu plus de Gloire: & il femble qu'on peut dire afsé raifonnablement, que tous les autres Sts. lieux qui en ont efté honorés fur Terre ayant reçeu quelque Reiailliffement de cette gloire, font devenus par la, plus dignes de nos eftimes & de nos venerations.

Ce qui rendit ce nom anciennement fi fameux fut l'application qui en fut faite à cette celebre Montagne de l'Orient fi conüe foubs ce nom; quelques Autheurs ont écrit que ce fut fur fa Cime que Caïn & Abel offrirent autre-fois leurs premiers Sacrifices à Dieu, & que Noë fortant de l'Arche qui le fauva du Deluge fit le mefme en cét endroit en action de grace de la confervation de fa Perfonne,

& de celle de sa famille.

Les Iebuséens Peuples Infidels & Idolatres occuperent dans la suitte cette Montagne, ils y bâtirent vne forteresse considerable pour estre en état de s'y maintenir, & c'est ce qui deslors luy fit porter le nom de Sion, qui veut dire selon l'interpretation de St. Hierosme dans l'Epitaphe de Ste. Paulle à la Vierge Eustochium, la Montagne de la Citadelle & de la Forteresse. David parvenu sur le Thrône apres la mort de Saül premier Roy d'Israël, fut inspiré de Dieu de les déloger de ce poste, & de s'en rendre le maistre, il les attaqua vivement & les contraignit de le luy remettre, ayant faict cette glorieuse conqueste, il ne pensa plus qu'à la rendre considerable par tous les endroits qui pouvoient y servir. Le Nom de Sion donné à cette Montagne, que Dieu deslors volut faire éclater dans le monde luy fut cher, il en chantoit sans cesse les loüanges & la gloire, il la fit enclore dans l'enceinte de la Ville de Hierusalem Capitale de son Royaume, il fit bâtir de nouvelles Tours, & rehausser les anciennes de cette forteresse qu'on nomma du depuis la Cité de David & la partie Sacrée de la Ville; il s'y logea aussi en vn manifique Palais qu'il y fit élever, pour estre le lieu de sa residence, & le sejour des Roys, autour duquel il fit construire quantité de belles Maisons pour les premiers Officiers de sa Cour,

& pour les vaillants Hommes qui l'avoient accompagné en ses guerres ; il plaça aussy le Tabernacle du Seigneur en vne colline de cette Montagne qu'on nommoit Gabaon, & y fit apporter en grande solemnité l'Arche de Dieu au ministere de laquelle il destina un grand nombre de Prêtres & de Levites, ou elle resta jusqu'a ce qu'elle fut transferée dans le Téple que Salomon bâtit apres la mort de son Pere David sur le Mont Moria, assé voisin de celuy de Sion, qui fut l'ouvrage le plus magnifique qui parut jamais dans le monde, auquel il employa au raport de l'écriture, jusques au nombre de cent cinquante mils hommes, sans y compter celuy de trois mils & six cent qui presidoient aux travaux. La tradition porte que ce fut en cet endroit ou l'Arche reposoit, que David composa les sept Psalmes penitentiaux, pendant qu'il y expioit le crime de son adultere avec Bersabée, & le meurtre commis en la personne d'Urias le marit de cete femme; que son Sepulcre y fut aussi construit ou son Corps fut remis apres sa mort & celuy de Salomon, lequel y avoit auparavant enfermé des richesses immenses, desquelles le Pontife Hircan en tira dans un besoin jusque à trois mils talents d'argent; & Herodes Ascalonite aussi de fort grandes sommes, ce qu'il auroit continué de faire, si une flamme devorante sortie de ce Tombeau,

Lib. 2. paral. c. 2. v. 2.

n'eut mis en cendre quelqu'un de ses satelites qu'il avoit employé à cet œuvre.

La Montagne de Sion fut renduë recommandable par beaucoup d'autres choses durant cette antiquité, mais ce qui en acheva la gloire, fut l'honneur que Jesus-Christ nommé Fils de David luy fit acquerir durant le temps qu'il sejourna sur terre, la frequentant souvent, & y ayant fait, luy & ses Saints Disciples tant de merveilles en un somptueux Cenacle bâti au millieu de cette Montagne; car ce fut la ou il mangea l'Agneau Pascal avec ses saints Apôtres, la ou il leur lava les Pieds, & ou estant à Table avec eux, il institua comme j'ay dit l'Adorable Sacrement de son Corps & de son Sang, soubs les especes du Pain & du Vin; ce fut la, ou le jour de sa Resurection il se fit voir à ses Disciples paroissant au milieu d'eux, les portes étant fermées & leurs montrant les Playes de son côté, de ses Pieds, & de ses Mains; ce fut la ou il leur communiqua aussi le Saint Esprit en soufflant sur eux, & leur donnant le pouvoir de remettre & de retenir les pechés; ce fut en ce méme lieu ou au jour de la Pentecôte le même S. Esprit dessendit sur toute l'Eglise naissante, ramassée en une trouppe de quelques six-vingts personnes; ce fut la ou S. Mathias fut subrogé en la place de Judas, ou S. Pierre fit sa premiere Predication, par laquelle il convertit jufque au nombre de trois mils Juifs, où S. Jacques fut creé, par les Apôtres, le premier Evêque de Jerufalem, où S. Eftienne & les autres Diacres furent ordonnés, où les Apôtres celebrerent le premier Concile, & où ils compoferent le Simbole, auparavant qu'ils partageaffent entreux les diverfes Regions du Monde, pour les éclairer par leurs Predications. Sainte Heleine Mere de l'Empereur Conftantin ayant fait reflexion fur la dignité de ce Cenacle pour tant de merveilles qui y avoient été faites, voulut qu'il fut enfermé dans l'enceinte d'un vafte & d'un magnifique Temple, qu'elle fit ériger dans dans la fuitte fur le mont de Sion, où les Religieux de S. François furent par apres établis, & où ils habiterent jufque en l'an 1561. que les Turcs les ayant transferés en la Ville, firent de leur maifon un Palais, pour lequel ils eurent tant de refpect, qu'ils n'y entroient qu'a pieds nuds. Il ne faut pas obmettre de marquer encor icy, que la fainte Vierge avoit auffi une maifon en la même Montagne de Sion, où elle fe retira apres la mort de fon Fils, avec S. Jean l'Apôtre, & où elle continua d'abiter jufque à la quatorziéme année apres l'Afcention de Jefus-Chrift, où elle mourut, & fut de la élevée au Ciel, comme quelques anciens Autheurs ont écrit.

Toutes ces chofes rendirent autrefois la

Montagne de Sion tres-fameuſe, & en firent briller le nom avec un grand éclat ſur la terre, en ſorte qu'on ne ſçauroit douter que tous les Saints lieux qui ont porté ce nom en divers endroits de l'Univers, n'en ayent par rejaliſſement receu des rayons particuliers de gloire: Il s'en eſt trouvé un grand nombre en l'Egliſe Greque & Latine; on lit parmy les Peres qui ſouſcrivirent au Concile d'Epheſe, le nom d'un Evêque de Sion qui fut Neſtorius autre que l'Hereſiarque de ce même nom, grand ennemy de l'honneur de la ſainte Vierge, lequel fut condamné en ce Concile; on trouve auſſi celuy de S. Theonide, autre Evêque ſoubs le même tiltre de Sion, ſoubſcrit juſque à ſix fois dans le ſeptiéme Conſile de Nicée. L'hiſtoire de Nôtre Dame de Boulogne ſur Mer, fait mention d'un ſaint Jorius ſemblablement Evêque d'une autre Egliſe de Sion, lequel eſtant venu viſiter les Sts. lieux dans les Gaules, vient en l'Egliſe de la Ste. Vierge de Boulogne l'an 1033.

Soubs le Pape Calixte ſecond l'an 1120. dans un Concile tenu à Samarie ou preſida Guaremonde Patriarche de Hieruſalem, on y trouve le nom d'un certain Achardus qui ſe nomme Prieur du Mont de Sion; & ſoubs Alexandre III. en un autre Concile general, celebré à Rome, ou ſe rendirent les Prelats de l'Orient, Guillaume Archevêque de Thir qui s'y trouva, marque en son livre de la guerre sacrée, un Regnaud Abbé de l'Eglise du mont de Sion.

Henry V. Roy d'Angleterre l'an 1413. au raport de Roziere en son Histoire des Ducs de Lorraine & de Bar, fit bâtir proche de Londres, deux Monasteres soubs les noms de Sion & de Bethléem, pour être habités, le premier par des Filles, & le second par des Hommes, & c'est de ce premier Monastere d'ou sont venües les Religieuses Angloises qui resident en un Fauxbourg de Paris, soubs le tiltre de Filles de N. Dame de Sion, & cette maison presentement Seculiere subsiste encor soubs le même nom, de laquelle on fit venir les Enfants du Roy Charles decapité en ce siecle par ses sujets rebelles, ayant demandé de les voir avant que d'être executés.

Assés proche de Tolede au Royaume de Castille en Espagne, il y a sur le bord du Tage, une Abbaye de l'Ordre de Cisteau, soubs le même nom de Sion ou la reforme de cet Ordre commença autrefois, & s'étendit de la par tout le Royaume de Castille.

A Prague Ville capitale du Royaume de Boheme, il y a pareillemēt soubs ce même nom de Sion une fameuse Abbaye de l'Ordre de Prémōtré, de laquelle sortit aussi autrefois la reforme: Et cette Abbaye fut si fort en reputatiō autrefois pour sa pieté & pour sa doctrine, qu'elle à fourni durant le cours de cent & cinq ans, jusque au nombre de dix Evêques à l'Eglise d'Olmuts; le Corps de S. Norbert repose en ce même lieu, il y fut transporté de Magdebourg par l'authorité de l'Empereur Ferdinand II. en l'an 1627. au raport d'André du Saussay en son Martirologe.

Les Religieux de S. Bruno ont aussi eu autrefois une Chartreuse en Zelande soubs le titre du Mont de Sion; & ceux du Tiers Ordre de S. François, comme le raporte Bourdon en sa Cronologie, s'établirent en Sicile l'an 1521. en une maison qui fut aussi appellée le Mont de Sion. Je serois trop long si je voulois raporter icy les diverses Eglises, & tous les lieux particuliers qui ont été autrefois, & qui sont encore aujourd'uy qualifiés de ce nom. Marquons pour un dernier celuy qui me donne occasion d'écrire. C'est le Mont de Sion situé en Lorraine, d'autant plus recommandable soubs ce nom, que Dieu ayant pris soin de le purger de ce qui le profanoit autrefois, & qui le luy avoit rendu abominable en ce temps, selon la parole de l'Ecriture *Sion abominata est anima mea.* lors que les Payens l'occupoient, la rendu digne pour que sa sainte Mere le choisit, pour en y faisant sa demeure, y être honorée des fidels, & les combler de ses graces & de ses faveurs.

CHAPITRE IV.

Situation de la Montagne de Sion.

IL n'est pas difficile de s'apercevoir de la situation des Montagnes dans les diverses regions du monde ou la main de Dieu les a placées en les formant, il suffit qu'on ait le simple usage des yeux du corps pour estre en état de les discerner d'avec tous autres objets, elles sont sensibles par elles mêmes, & se font assés voir, puis que la même élévation qui fait que les Villes qui sont bâties sur leurs cimes ne peuvent être cachées, comme l'a dict, le Fils de Dieu dans l'Evangile, les rend également visibles.

C'est par cette raison qu'on découvre aisément la montagne de Sion, située dans le Comté de Vaudemont en Lorraine, par cette élévation naturelle aux montagnes, & qui se trouve d'ailleurs en un Païs assés degagé pour estre commodement aperceuë presque de tout endroit, excepté un seul qui luy est dérobé par une montagne voisine qui vient la joindre par sa pointe, & qui par sa longueur & en s'élargissant à mesure qu'elle s'éloigne, fait ce tort à celle de Sion de ne pouvoir être veüe de tous côtés.

Un Autheur de ce ce siecle a écrit que la Lorraine en sa situation est au milieu de l'Europe, je ne me fait pas garend de cette opinion, n'ayant point pris de mesure en main pour m'en assurer, mais si ce sentiment est vray sur le rapport de cét Auteur, on pourroit adjouter que la Comté de Vaudemont paroissant occuper le milieu de la Lorraine, & le mont de Sion, celuy de cette Comté, il faudroit regarder ce milieu comme le centre du Païs, & juger de la relation que toutes les parties de la circonference auroient à ce milieu. Ce pouroit être une nouvelle raison à être jointe à celles que j'ay marqué cy devant, pourquoy la sacrée Vierge auroit particulierement fait choix de cette montagne, pour y faire sa demeure, pour y être se semble plus commodement en état, occupant ainsi le milieu de la Province, de la combler de ses graces, de l'enrichir de ses bienfaicts, & de l'honorer de sa protection; lors que Jesus-Christ son Fils voulut autrefois se signaler durant les jours de sa chair par les plus fameuses de ses gratifications envers les hommes, il affecta toûjours de se trouver ainsi dans le milieu: Sa Naissance temporelle qui l'exposa à la veüe des hommes au milieu de la nuit, après être sorti de celuy qu'il occupe soubs la qualité de Verbe entre le Pere qui l'engendre,

& l'Esprit Saint qu'il produit avec le Pere, le fit voir dans une Créche au milieu d'un Etable entre Marie sa Sainte Mere, & S. Joseph son Pere putatif, au milieu des Anges qui accourent à la haste pour l'adorer suivant les Ordres de son Pere, & n'ayant pas honte de dire, ce que l'Ecriture n'a pas rougi de marquer, entre deux vils animaux, qui signifioient les peuples Juifs & les Gentils qui devoiēt participer aux graces de ce premier mistere. Etant plus avancé en âage, il fut trouvé à douze ans disputant au milieu des Docteurs. Le texte y est formel, *In medio Doctorum*; Il prenoit ordinairement le même lieu, s'appliquant à l'instruction de ses Disciples, & à celle de tous les hommes en leurs Personnes, aussi bien qu'en l'operation de ses plus fameux miracles, comme il y parut en sa Transfiguration, ou il prit le milieu entre Moïse & Helie qui s'y trouverent presents, de même qu'en la Cene ou il fit le plus memorable & le plus celebre de tous, en nous donnant son Corps & son Sang soubs les especes du Pain & du Vin qui nous sont tous les jours distribués en nos Communions.

Luc. c. 2.

Math. c. 73 v. 12

Nôtre salut devant être operé au milieu du monde suivant la prediction d'un Proféte, il choisit pour mourir la Ville de Hierusalem qui l'occupe, ce qui à donné lieu à un autre Proféte de la nommer le nombril de la

Psal. 73. v. 12.

terre, *Umbilicus terræ*, ce fut la en effet où il expira pour le salut des hommes au milieu de deux Voleurs; & estant sorti apres sa mort glorieusement de son Tombeau, voulant remettre dans le cœur de sa Mere & celuy de ses Disciples la Paix, le Calme, & la joye, que ses playes & ses douleurs en avoient cruellement bani, il vint vers eux & se plaça au milieu d'eux tous en leurs apparoissant, *Venit Jesus, stetit in medio*, tant il est vray que ce Divin Sauveur à toûjours affecté cet endroit, comme le plus favorable à l'écoulement de ses graces, & de ses bienfaits, *Ego autem in medio vestrum sum*. *Ioan. c. 2, v. 19. Luc. 6. 22 v. 27.*

Ne peut on pas dire que Marie sa sainte Mere se conformant à cette conduitte de son Fils, à voulu semblablement s'établir au milieu de la Lorraine, pour en signalant sa puissance la combler de ses dons, & luy donner des marques de sa bonté. Heureux donc ceux qui y habitant ont l'avantage d'environner cét aggréable milieu ! & plus heureux encor ceux qui l'environnent de plus prés ! je les exorte s'ils voyent de leur demeure cette sainte Vierge en ce lieu, d'envoyer à ses pieds, s'ils ne sont pas en état d'y venir eux mémes les plus pures de leurs affections, & de la reclamer confidemment dans leurs necessités.

CHAPITRE V.

Antiquités de la Montagne de Sion.

Cette Montagne n'a p-s toûjours été une solitude telle qu'elle est aujourd'huy, elle fut autrefois habitée par des Peuples qui ont fait leur demeure sur le sommet, & en quelques endroits de son penchant, les vestiges qu'on y remarque encor à present en sont une preuve certaine ; car on trouve en divers endroits sur la hauteur de ses bords les fondements des Tours qui servoient à la garde de la Ville qui y étoit bâtie ; & entre autres de gros restes d'une Tour particuliere, que le vulgaire appelle communement la Tour des Sarrazins. Cette Tour étoit apparemment située à l'entrée de la Ville, étant placée à l'avenuë de deux grands chemins qui y sont encor, & qui se joignent ensemble pour n'en faire qu'un seul sur le commencement de la montagne, par où les Voitures s'y rendent, ce qui paroit dautant plus vray semblable, qu'ils ont été taillés dans la roche, & qu'ils sont les seuls qui y ont été de tout temps, ny ayant nulle apparence selon la disposition de la montagne qu'on en ait jamais fait ailleurs pour y pouvoir monter.

On trouve aussi en terre à deux ou trois pieds de profondeur, les fondements des maisons parfaitement bien liés & cimentés, & ce qui est de remarquable, c'est que tout le moilonage qui à été employé à ses parements cóme des pierres de parade & taillées, ce qui ne se pratique pas en nos jours, & ce qui donne lieu de croire que les maisons élevées sur ces fondements avoient été construites avec soin, puis qu'on s'étoit ainsi attaché à l'ornement de ce que la terre devoit dérober à la veüe des hommes. Ces fondements se sont trouvés en si gvande abondance de toutes parts, qu'encore aujourd'huy pour les besoins qui se presentent, il ne faut que foüiller en terre pour trouver dequoy en fournir abondamment, & c'est en le faisant qu'on rencontre des choses assé particulieres pour donner de l'émulation à remuer ces terres, & à faire croire que les premiers qui y ont travaillé, apres la ruine de cette ancienne Ville arrivée sans doute par quelque incendie ou quelque saccagement, ont dû y rencontrer beaucoup de raretés qui seroient aujourd'huy fort estimées de ceux qui ayment ces marques d'Antiquités.

De nos jours on à levé de terre des Tombeaux de pierre de taille, ou il y avoit des essements en quelques uns, & en d'autres une poudre noiratre & fort semblable à celle qui se forme dans les Forges; j'en ay veu tirer trois de cette façon, & un quatriéme l'avoit été quelque temps auparavant, où les os de celuy qui y avoit reposé, paroissoiet estre d'un hôme extraordinaire en grandeur, ayant le contraire auprès de soy, sçavoir les os du corps d'un petit enfant, d'autres ont été trouvez proche de quelques foüiers suivant l'usage des anciens Payens qui s'y faisoient enterer, au raport de l'Histoire; & assé pres de ces Tombeaux des restes de Colomnes & de Chapitaux sur lesquels se sont trouvez gravés les noms des Dieux Tutelaires des familles & des maisons, & d'autres lesquels estoient apparemment exposés aux lieux publics soubs ces expressions, *Jovi tonanti, Marti &c.*

Mais pour un témoignage certain d'Antiquité, & qui justifie que les Romains ont autrefois habité cette Montagne, rien ne le prouve mieux que les medailles qu'on y trouve de leurs Empereurs, tant du haut que du bas Empire, quand on y remuë la terre, ou apres que quelque orage l'a lavé, parmi ces Medailles il s'en est trouvé d'Or; j'en ay veu vne de cette qualité du poids de deux Pistolles portant l'Effigie de Cœsar Auguste, aussi pure & aussi brillante, que si elle fut sortie des mains de l'Ouvrier. Celles d'Argent y ont y ont été plus communes que ces premieres & celles du Metail ordinaire beaucoup plus que ces autres.

On y à auſſy découvert & levé des Aqueducs de pierre de taille ſi parfaitement vnis, qu'à peine pouvoit-on en diſcerner les joincts, ils ſervoient à conduire les eaux des Citernes & des autres reſervoirs dans les lieux publics, & dans les Maiſons des particuliers, ainſy qu'il parut il y à quelques années; en une de ces Citernes boulverſſée qui fut trouvée aſſé proche de l'Egliſe, où l'un de ſes canaux ſe rendoit pour y recevoir les eaux qu'il devoit conduire ailleurs.

Beaucoup de particuliers, ont des bouts de Lances, de Javelots, de Fléches, de Poignards & d'autres raretés ſemblables, trouvées par les Païſans en labourant les terres, qui ſont dignes d'étre conſervés, non ſeulement pour leur antiquité, mais encor pour la beauté du travail qui eſt dans la derniere perfection ; on remarque encor dans la graveure & la dorure de ces choſes, la méme adreſſe des ouvriers de ce téps la, qui paroit auſſy dans les combats, les campagnes, les rivieres, les forets, les chaſſes & les Païſages admirablement bien repreſentés ſur certaine eſpece de fayance, dont on trouve ça & la quelques écailles de diverſes couleurs, dont nous n'avons plus aujourd'huy la façon.

Toutes ces choſes font voir aſſé ſenſiblement

C

que la Montagne de Sion ne fut pas tousjours un désert, qu'elle a été autrefois habitée, & qu'elle fut méme en ces premiers temps assé considerable, Mais confessons qu'en sa premiere gloire elle n'approcha jamais du moindre rayon de celle qu'elle à receüe depuis que la Sacrée Vierge la bien voulu choisir pour y faire sa demeure & qu'elle à pris possession de ce lieu pour en être uniquement la Dame & la maîtresse, que les admirables richesses qu'elle y à apportée avec elle, sont bien d'un autre valeur que toutes celles que les Romains y avoient amassées, que les armes qu'elle y à mises pour servir à la deffence de ceux qui y ont recours, sont bien autre que les leurs & qu'en un mot la Sainte Image qui y est venerée, n'entre en aucune comparaison pour son prix avec les plus riches Medailles qu'on trouve en cette Montagne & qui representent celles des Empereurs Romains, des Consuls & des Hommes les plus celebres de l'antiquité.

CHAPITRE VI.

L'état present de la Montagne de Sion & ses aggrémens.

LA Montagne de Sion n'est pas aujourd'huy ce qu'elle étoit autrefois, elle portoit sur sa hauteur une Ville, ou une Forteresse considerable, comme on le peut aisement remarquer par tous les restes & les vestiges dont j'ay parlé cy-devant & aujourd'huy elle est une solitude, mais non pas une solitude affreuse, semblable à celle que l'on void dans d'épaisses Forêts, ou que la nature à formées dans les concavités des Rochers, dans lesquelles on n'entre qu'avec frayeur & où l'on ne s'arreste qu'avec crainte; celle-cy est d'un aspect charmant, elle n'a rien qui ressente l'horreur, mais à tout ce qu'il faut pour satisfaire l'Esprit & la Veüe.

Cette aggreable Montagne est presque en forme ovalle, ayant un peu plus de longueur que de largeur, elle est sur sa hauteur comme une pleine, sans nulle élevation en sorte qu'on y void aisement de toutes parts & que rien ne s'echappe à la veüe de ce qui en fait le sommet elle à sur ces bords de belles promenades, dont quelques unes sont toutes découvertes & d'autres couvertes de Chermines & de Tillots ; c'ét en ces endroits delicieux ou l'on contente facilement sa veuë, car comme cette montagne se fait voir par son élevation, aussy donne-telle lieu à voir à discretion ; si vous portés les yeux loing, vous découvrirés jusques dans les Montagnes de l'Alsace & de la Vôge en distinguant les lieux les plus remarquables qui s'y trouvent; si vous jetté les yeux moins loing, vous verrés une Câpagne à charmer les plus insensibles au plaisir, presentant comme elle fait une infinité de differents objets de l'aggrement desquels on ne sçauroit disconvenir, car elle fait voir de loing & de prés des Villes, un grand nombre de Villages & de Châteaux, des Terres abondantes & fertiles en toute sorte de biens, des Prairies propres pour le pasturage, des Forêts commodes pour les besoins ordinaires & favorables au divertissement de la Chasse, d'aggreables Côteaux chargés d'Arbres & de Vignes, de maniere que la veüe peut être pleinement satisfaite par tant de differents objects, qui luy sont exposés de tous côtés ; l'Air est dailleurs tres sain sur cette Montagne, tres pur & tres subtile.

On y monte, outre les deux grands chemins que j'ay marqué cy-dessus qui servent pour les voitures, par deux petits sentiers qui conduisent de part & d'autre sur la hauteur & se rendent dans le milieu, ils servent aux pelerins pour y arriver plus promptement, mais avec un peu plus de peine & pour leur foulagement, la nature à fourni une fource d'une eau tres vive fur un penchant de cette montagne, ou l'on va avec facilité pour fi defalterer.

 Au milieu de cette charmante montagne, on y trouve le threfor, qui eft le Sanctuaire de Marie, le lieu de fa refidence, l'endroit de fa demeure, en un mot le temple ou fa Ste. Image eft expofée pour recevoir les homages de tous ceux qui y viennent pour les luy prefenter ce faint Edifice à été la long-temps feul & il en refta peu & peu-être point du jour du faccagement de la Ville qui l'avoit precedé & s'il s'eft confervé quelque refte de cette Ville, c'êt une croyance commune dans le canton, que les premiers Comtes de Vaudemont acheverent de les ruiner pour profiter des Materiaux les plus vtils qu'ils emploierent à la conftruction de la forte & belle Maifon qu'ils firent bâtir fur une des deux crouppes oppofée qui finiffent la montagne voifine de celle de Sion; ainfy Marie à été long-temps feule en ce lieu. Il eft vray que les Anges luy tenoient compagnie, mais il falloit auffy des Hommes à fon fervice. Feu Monfieur le Duc François dernier Comte de Vaudémont & Charles quatre fon Fils, Duc de Lorraine, y pourvurent par l'établiffement qu'ils y firent des Religieux du Tiers Ordre de Saint François, comme je le diray plus amplement en son lieu, leurs ayant fait construire un fort beau Monastere l'An 1627, qui fut attaché au temple de Marie, pour être comme les Officiers de cette Souveraine, comme ses domestiques & comme les gardiens, & les dépositaires de sa Ste. Image. Il n'y à donc aujourdhuy que ces deux Bâtiments sur la Montagne de Sion, le Temple de Marie & une Maison Religieuse ou logent ses Serviteurs qui occupent aujourdhuy un endroit, ou autrefois il y en eut plusieurs; ce qui ma donné lieu, d'atribuer avec justice le nom de solitude à cette Montagne, ou il ny à que Marie qui l'occupe & quelques Solitaires dediés à son service, qui sont en êtat par la qualité de leur sejour, de goûter les charmantes douceurs d'une vie tranquille & paisible & découter avec plus d'attention, ce que l'Epoux de leurs Ames à, à leur communiquer suivant la promesse qu'il en à faicte en l'Ecriture, ou il dit, qu'il conduira son Epouse dans la solitude, & que la il luy parlera à cœur ouvert & luy découvrira ses secrets.

Ost. c. 2. v. 14.

CHAPITRE VII.

Le temps auquel fut bâti le Temple de Marie, sur le Mont de Sion & qui fut celuy qui le fit eriger.

CE Temps ne nous est pas bien connû, & il faut pour en être informé le mieux que nous pourrons, nous en rapporter à une longue tradition qui nous à appris de Siecle en Siecles, ce que j'en écriray. Je tombe d'accord qu'il y auroit lieu à faire icy une juste censure de la negligence de ceux qui nous ont precedé, lesquels s'en rapportant à nostre bône foy, ont crû que c'ètoit assé faire, que de remettre de bouche à leurs posterité, ce qu'ils vouloient que nous crussions en nos temps, sans en rien mettre par écrit. Il faut pour soûmettre ainsy son esprit avoir beaucoup de respect pour la tradition, aussy merite-t-elle bien nôtre estime & particulierement quand elle ne nous propose rien qui interesse les verités Chretiennes, qui choque la Religion, ou qui en offence les misteres. Et c'est ce qui arrive au suject que je traite, ou rien n'est proposé comme article de foy, rien qui puisse l'offencer, mais seulement ce qui est venu à nous de main en main & ce qui semble estre assé justifié par le consentement vniversel des Peuples du canton. Voicy donc ce que cette tradition nous apprend sur ce sujet.

Elle dit que l'entreprise de l'Eglise de Sion fut faicte par St. Gerard Evesque de Toul & que la Sacrée Vierge luy ayant revelé le desir qu'elle avoit de se voir honorer en ce lieu, il n'hesita pas à le luy consacrer pour favoriser un si juste dessein, y faisant élever une Eglise à sa gloire. Aussy le zele de ce Saint Prelat estoit-il trop ardent pour l'avancement de celle de Dieu, & de sa Tres-Sainte Mere, pour qu'il manquat à porter promptement la main à cette Sainte œuvre.

Vous sçavez peut-être le merite de ce celebre Pontife qui fut en l'administration de ses fonctions Pontificales, du nombre de ces Sts. Evêques qui ont gouverné le Diocese de Toul; il y fut appellé par Bruno Archevesque de Cologne & Frere de l'Empereur Othon premier, tandis qu'il gouvernoit par commission de son Frere le Royaume de Lortaine: l'Eglise de Toul étant alors devenüe vacante par la mort de Gauselin. Bruno qui avoit connû St. Gerard, à Cologne, d'ou il estoit natif, dans le temps qu'il y faisoit ses estudes, & qui en sçavoit le merite & la capacité, ne perdit pas l'occasion de procurer à cette Eglise un aussi-digne Prelat qu'elle devoit le trouver en sa personne; il en demanda la nomination à l'Empereur son Frere, qui l'accorda volontier & en mesme temps il rappella & fit sortir St. Gerad d'un Cloistre, ou sa pieté l'avoit porté à se retirer ; & le pourvût de cette Eglise.

Saint Gerard en ayant pris l'administration, apres s'en estre fort long-temps deffendu, en la maniere des Sts. qui regardent avec quelque horreur les charges & les dignités de l'Eglise, ne manqua pas de répondre à tout ce qu'on avoit ésperé de sa vertu. Il se rendit fidele à toutes ses fonctions, il fut le Pere des pauvres, le restaurateur des Eglises, & par des visites assidües, il corrigea les abus que la malignité des temps avoit introduit en divers endroits de l'Evêché : en sorte qu'il y fit de toutes parts refleurir la vertu, à quoy il fit servir non seulement la ferveur de ses predications, mais encor les exemples d'une Sainte vie qui persuadent bien mieux que les paroles.

Le temps de l'administration de ce St. Pontife dans le dixiesme Siecle, fut de trente Années, à ce que nous apprend l'Histoire de sa vie. Ce fut dans le cours de ces Années, qu'ayant veu le desert de Sion pour lors entierement ruiné & tout a fait abandonné & ayant connu que la Ste. Vierge estoit devenüe amoureuse de cette Solitude ; & qu'encore-bien qu'elle soit la Reine de tout l'Univers, elle souhaitoit de se voir plus parttculierement en possession de ce petit heritage, quoy qu'il eût si peu de raport en l'êtat ou il se trouvoit alors, à l'éclat de sa Majesté. Il fit construire une petite Eglise qu'il consacra à Dieu & à la gloire de Marie sa Ste. Mere, soubs le tiltre & l'Invocation de sa Nativité & y fit poser sa Ste. Image qu'on y voit encore aujourdhuy, sans que nous puissions marquer precisément, ny l'Année, ny le mois & encor moins le jour dans lequel cela se passa.

C'êt la ce que la tradition nous enseigne; à quoy elle ajouste que le mesme St. Gerard, fit de cette mesme Eglise la Parroisse de quelques Villages situés aux environs de la Montagne & que l'Image qu'il y avoit placée, commença dèlors à se rendre fameuse par les Miracles quelle y fit ; & qu'en-fin le St. Evêque apres avoir goûté les derniers années de sa vie, les douceurs & les consolations qu'il se procura en cooperant comme il fit a l'execution des desseins de Marie, ils sortit de ce Monde par vne precieuse mort arrivée l'an 994. Pour aller voir au Ciel l'original de celle dont il auoit fait honorer l'Image, en luy bâtissant vn Temple sur le mont de Sion.

Il est vray que Vassebourg dans la Vie de Thomas de Blamont soixante cinquiesme Evesque de Verdun, raporte la fondation de ce Temple sur cette Montagne à Henry, troisieme Comte de Vaudemont sur nommé le Iuste,

& à Elizabeth sa Femme Fille de Ferry second Duc de Lorraine ; & dict qu'elle fut faicte environ l'An treize cent & six ; mais comme à fort bien remarqué le R. P. François Poiré Iesuiste, en sa triple Couronne, il est beaucoup plus probable, que cette Eglise est plus ancienne que cet Autheur ne le marque, & que ce Prince, & cette Princesse dont il parle ne firent que la rebâtir, & la remettre en meilleur état qu'elle n'estoit auparavant, comme je le diray plus bas : ainsi, il est plus à propos, d'en demeurer à l'ancienne croyance, que St. Gerard en à esté le premier fondateur.

CHAPITRE VIII.

Que l'Image de la Sacrée Vierge commença dans le mesme temps à se rendre celebre par ses Miracles, sur le Mont de Sion.

C'EST sans doute vne marque tres evidente, du peu de reconnoissance des Hommes, envers la bonté supreme de Dieu, de ne pas laisser par écrit à la posterité, le souvenir des faveurs extra-ordinaires, qu'elle leurs à faict, & le temps mesme au quel elles les leurs à faictes. Cette declaration serviroit à engager les Siecles suivants à benir cette bonté sur cette effusion extra-ordinaire de ses graces, & à donner vne connoissance certaine de la saison en laquelle, elle auroit esté faicte. On trouve les Livres remplis d'vne infinité de choses assé inutiles arrivées en la succession des Siecles, par ce qu'elles n'étoient pas communes, & on ne marque pas, ce que Dieu y opere extra-ordinairement pour le Salut des Hommes ; il paroist bien par la que leur negligence est sans doute beaucoup plus grande pour les choses spirituelles, qu'elle ne l'est pour les temporelles, puis qu'ils manquent ainsy d'application & de soin, pour observer les faveurs que Dieu leurs faict, le temps auquel il les visite pour leurs faire du bien, & les saisons, les années, & les Mois des communications extra-ordinaires de ses graces & de ses biẽ faicts.

N'avons nous pas vne preuve toute sensible de cette verité sur le temps auquel il voulut bien donner à nos Ancestres des signes evidents & des gages certains de ses misericordes, en leur faisant present de l'Image de sa Ste. Mere pour estre sur le Mont de Sion vne source tres abondante qui devoit faire couler chez eux ses Benedictions.

Il est croyable que beaucoup d'entre eux se trouverent presents à la consecration de l'Eglise de ce lieu, qu'ils y virent benir cette Image, & la poser sur l'Autel qui luy fut preparé, qu'ils n'ignorerent pas les premiers Miracles qu'elle y fit; & cependant pas vn n'a pris soin de nous en jnformer; en sorte que nous ne sçavons rien de toutes ces choses en nos jours que ce que la tradition nous en dict, ainsy j'ay besoin d'une mesme disposition d'Esprit en ceux qui liront ce chapitre, que j'ay demandé pour la lecture du precedent, qui est de prendre party avec moy pour cette tradition & d'apporter une pieuse croyance sur ce qu'elle nous à revelé, à sçavoir, que la Ste. Vierge commença à se signaler par une infinité de prodiges lors que son Image se trouva pacée en Eglise bâtie sur le mont de sion.

Pourquoy luy refuserions-nous cette croyance, puis que Dieu veut que nous la donnions humblement à ce qu'il n'a pas permis & ne permet pas encor que nous uoyons de nos yeux. Certes, si dans ces sortes de matieres, il falloit toûjours fournir des preuves authentiques, il y auroit sujet de ne rien croire, & de douter de tout; il vaut donc mieux s'assujettit à cette croyance avec simplicité, que de se laisser gagner à l'opiniatreté de ceux qui ne croyent rien que ce qui est escrit & que ce que l'experience, la veüe & la raison exposent a leurs sens, faisant ainsy les regles de leur foy de ce qui luy est souvent contraire & opposé, puisque selon saint Paul, la Foy, est un argument des choses qui ne parroissent pas. Ce mesme Apostre à dit en peu de mots quelque chose de grand, parlant *Heb. 6.* *II. v. I.*

de la charité, sçavoir, qu'elle donne croyance à tout, *Charitas omnia credit.* Un peu d'amour pour Marie, nous doit faire entrer en cette disposition à son ègard pour croire tout ce qui concerne sa gloire, à condition toute-fois que la Religion ne s'y trouvera pas interessée. Je ne vois pas que ce danger soit à craindre dãs le sujet que je traite & qu'il y ait lieu d'apprehender, d'estre trouvé plûtôt criminel à croire qu'elle à commencè de bonne-heure à donner des marques de son pouvoir sur le Mont de sion qu'a se persuader, qu'elle y à mis du retardement.

I. Corin. c. 13. v 7

Cette sainte Vierge ayant choisi ce lieu pour y faire sa demeure, pour y rendre son Image venerable à la posterité, pour y attirer les respects des Hommes par son moyen, & en faire l'instrument de tant de merveillés qu'elle y à operées & qu'elle continue d'y faire encore aujourdhuy ; pourquoy ne pas vouloir se soûmetre à ce qu'une tradition nous apprend, qu,elle à commencé à le faire, en mesme temps qu'elle eut prise possession de ce sejour pour l'execution de ses desseins ? c'étoit à elle à en commencer l'action, les faveurs du Ciel ont coûtume de prevenir les Hommes, ceux-cy ne se seroient pas avisé de venir chercher une Image de cette Vierge avec peine, au haut d'une Montagne, pour l'honorer & en implorer le secour, puis qu'elle se trouvoit par tout dans les vallées, si

elle n'eût pris soin de s'y faire connoître, en
se distinguant des autres par le moyen des Miracles ; certes il estoit de l'interest de cette Ste.
Vierge, de n'y point apporter de retardement
car ou il s'agit de sa gloire le plus ou le moins,
le plûtôt ou le plû-tard, ne luy sont pas indif-
ferens.

Cette gloire de Marie est offensée, quand
elle est retardée, puis que tous les siecles, tous
les temps & tous les moments luy sont devoüès:
elle est renduë plus brillante quand elle est a-
vancée ; ainsy je soubscriray avec soumission,
une tradition aussy avantageuse que celle-cy
à la gloire de Marie, laquelle m'instruisant sur
les antiquitès m'apprend, que sur la fin du di-
iesme siecle, s'estant renduë maitresse de la
Montagne de sion, ou elle avoit resolu de faire
sa demeure, elle s'y fit tout d'abord connoître
par les Miracles qu'elle voulut y faire & qu'elle cōtinuë encor en nos jours; & que c'est ce qui
luy à attiré durant l'espace de six à sept cens ans
le concours & les visites des peuples, qui ont
continuè jusques en ce siecle, par une longue
experience qui fait voir qu'on trouve aux pieds
de sa sainte Image toute sorte de biens & de
secours.

En effet, Marie à tousjours dans ce lieu les
oreilles prêtes pour y ècoûter nos Vœux & nos
Prieres, ses Yeux y sont tousjours ouverts sur
nos necessitè & ses mains estenduës pour nous

combler de ſes graces ; les malades de quelques peines dont ils ſoient travaillès y trouvent leur gueriſon, les foibles y rencontre la force, les perſecutès un refuge & les Pecheurs le ſalut. Et d'ou en effet nous pouroient mieux venir tous ces biens ? que des mains de celle qui les remplit à diſcretion dans les Threſors de Dieu pour nous en combler, puis que l'ordre en eſt ainſy eſtably de ſa part, ſelon le ſentiment de ſaint Bernard qui aſſure que Dieu n'a point de bien à nous faire, qui ne paſſe par les mains de cette Vierge, *qui nos nihil habere voluit, niſi per manus Mariæ.*

CHAPITRE IX.

De quelle matiere eſt la Sainte Image de Sion.

QVELLE gloire peut revenir à la ſainte Vierge, & quelle vtilitè au lecteur de ce Chapitre ? ou je me propoſe de parler de la matiere de la ſainte Jmage de ſion ? une gloire ſans doute & une utilitè tres grande, comme vous le remarquerès.

J'avoüe que la matiere de cette Image eſt
tres

tres-vile & tres-commune, puis que ce n'est qu'un morceau de pierre qui nous la represente, sans nulle autre façon que ce qui est absolument necessaire pour le faire. Il y en à sans doute de plus rare & de plus pretieuse dans la Nature, je sçay bien qu'a juger au juste, il n'y à rien de petit dans les œuvres de Dieu, & que ce seroit ne pas bien connoître les diverses creatures que sa main toute puissante à formées que de n'y pas observer les vestiges d'un pouvoir infini. Cependant l'inegalité qui se trouve entre elles nous force d'avoüer quand nous les comparons les unes aux autres, qu'il y en à de grandes & de petites, quelqu'unes qui sont tres-considerables en elles mêmes, & d'autres qui le sont peu; semble qu'on peut mettre avec assés de raison la pierre au rang de ces dernieres, quoy que dailleurs assés utile à nos besoins; Elle est dans la Nature si commune qu'elle y est peu estimée, & comme elle n'y produit rien, aussi est elle le simbole de la sterilité; ce fut la raison pourquoy les Egyptiens, assés sages & prudents en leurs Loix, deffendirent autrefois qu'on n'en fit aucun Image des Dieux qu'ils adoroient, parce qu'estant persuadés que leurs bonnes fortunes & tous les biens qu'ils possedoient, leurs venoient de leurs mains. La Pierre par sa sterilité naturelle, ne pouvoit être propre à marquer leur liberalité.

D

Cependant Marie la choisie pour être la matiere de son Image, elle à voulu que celle qui nous la represente sur le mont de Sion, ne fut que d'une simple pierre, bien qu'elle eût dessein qu'elle fut en faveur des Peuples qui se mettroient en devoir de l'y venir honnorer, un instrument de miracles & de prodiges, un thresor de toutes graces, & une source inepuisable de benedictions: Aussi tout devient fertile entre les mains toutes puissantes de cette incomparable Mere, par la communication que son Fils luy à fait de son pouvoir.

Cet Adorable Sauveur, répondant autrefois aux Pharisiens qui l'avoient pressé de faire taire les Peuples, qui chantoient ses loüanges, au jour de son Triomphe entrant en la Ville de Hierusalem, leur dit, quand même ils se tairoient, ces pierres que vous voyés *Luc. c. 19.* la structure de vos maisons prendroient leurs *v. 40.* places, & avec une voix plus éclatante que la leur, elles feroient retentir ce qu'ils chantent à ma gloire. Par cette réponce, il fit entendre, qu'il pouvoit tirer des services des pierres, bien opposées à la qualité de leur condition naturele; ce que son Precurseur avoit desia declaré dans le Desert, lors que vou- *Math. c 3* lant humilier les Juifs qui venoient l'y cher- *v. 9.* cher, & qui se vantoient d'être les Enfants d'Habraham, il leur dit que Dieu pouvoit en former de toute matiere, & en tirer même des pierres qu'il leurs montroit, quoy qu'elles fussent la sterilité méme.

Marie par la participation de ce divin pouvoir dont son Fils à bien voulu l'honnorer, peut semblablement élever un Image de pierre à la production de tels prodiges qu'il luy plaira. Toutes sortes de matieres pour cela luy sont indifferentes, il n'en est point, de quelque qualité qu'elles puissent être, qui ne soiët propres en ses mains, pour produire ces effets; il me semble neantmoins qu'on peut dire, & je le diray à sa gloire, que les plus viles & abjectes pour ce dessein, sont le plus à son goust, & que c'est plus ordinairement celles qu'elle choisit pour en faire de dignes objects de nos estimes, & de nos admirations; ce qui me le fait dire, c'est qu'elle ne s'écarte point des sentiments de son Fils, & qu'elle forme sa conduitte sur ce parfait exemplaire, sçachant qu'elle ne sauroit la rendre plus excellente & plus parfaite qu'en la reglant sur ce model; & comme ce divin Soleil en venant à nous par Elle, dans la Chair ou il à bien voulu s'éclipser, fit choix, comme son Apôtre nous l'apprend, de ce qu'il y a de plus bas, de plus infirme, & de plus éloigné de la sagesse humaine pour confondre les choses les plus fortes & les plus élevées, & qu'il observe encor la méme conduite aujourd'huy das l'operation des merveilles qu'il luy plait de

1. Corinth. c. v. 27.

faire paroître dans les temps. Sa Sainte Me[re] à voulu en user de méme sur le sujet que j[‘ai] en main; rien n'est plus vil que la pierre [au] jugement de nos sens, & c'est ce qu'elle [a] choisi pour en faire l'Instrument de ses mi[ra]cles, de ses graces, & de ses faveurs, depu[is] que son Image en à été formée; elle nous [la] propose comme pierre de secours, semblab[le] à celle que Samuël marqua autrefois au Pe[uple] d'Israël, & laquelle en étoit ce semble la Fig[ure] gure *Lapis adjutorii*. Ainsi lors que no[us] nous trouvons en état de visiter Cette Sain[te] te Image, ou la Sacrée Vierge se presente l[es] mains pleines de Benedictions, n'en soyo[ns] pas rebutés par la bassesse de sa matiere, f[ai]sons en plus de cas que de toutes les Pier[re]ries que la vanité fait si fort estimer dans [le] monde, & qui souvent y font des Idolâ[tres] persuadons nous que Marie l'exposant à nô[tre] veuë sur la montagne de Sion, nous dit à [cette] occasion, ces paroles de l'Ecriture. *Ecce p[o]no. in Sion lapidem summum, Angularem, [e]lectum, pretiosum* & que jamais nous ne no[us] rendrons plus dignes des faveurs, qu'elle ve[ut] bien nous distribuer par son moyen, qu[‘en] imitant l'exemple de l'humilité qu'elle à f[ait] paroître dans le choix de cette matiere.

Vous voyés par tout ce que je viens de d[i]re que les choses qui sont de peut d'esti[me] & de valeur dans l'ordre de la nature, dev[iennent]

1. Pet. c. 2. v. 6.

...t rares & pretieuses, & dignes de nos ve-
...rations, lors qu'elles sont élevées à celuy
...a grace. C'est ainsi que pour cette considera-
...r, la pierre doit être qualifiée d'autant
... que le Verbe Divin devenu Chair par
...rie, n'a pas même dédaigné de luy être
...paré, & d'en porter le nom par la plume
...St. Paul, *Petra autem erat Christus* & de
...me aussi par celles des autres Apôtres qui
...écrit, qui l'ont nommée la Pierre Angu-   Daniel.
...e qui soûtient par sa vertu divine tout l'é-   c. 2 v. 34.
...ce du salut.
...ussi fut-il autrefois signifié par cette pe-
...pierre, laquelle ayant été détachée d'une
...ntagne, frappa par le pied la Statuë de Na-
...hodonosor, & la jetta par terre. Marie fut
...quée par cette montagne à cause de la
...imité de ses merites, & ou les hommes
...t point eu d'action; la pierre qui en fut
...achée, signifioit Jésus, qui à ruiné l'Em-
...e du Demon, & cette pierre étoit petite,
...ce que le Sauveur devoit faire cette mer-
...lle dans l'état de sa petitesse; en effet, il à
...en cet état une pierre fort peu consideree
...les Hommes, dit l'Apôtre S. Pierre, re-   1. Pet. c. 2.
...uvée de leur part, bien qu'il fut cependant   v. 4.
...pierre vivante, choisie de Dieu, dit-il, &,
...à été mise en honneur par ses soins. *Ad*
...*m accedentes lapidem vivum ab homini-*
...*quidem reprobatum, à Deo vero electum*
...*honorificatum.*

CHAPITRE X.

La forme exterieure de l'Image de Sio[n]

LA forme exterieure de l'Image de N.[Dame]
de Sion est assés particuliere par une c[on-]
constance qui doit y être remarquée pour [la]
gloire de celle qu'elle represente, & pour n[o-]
tre utilité, cette Image est parfaite en son to[ut]
rien ne luy manque de tout ce qu'on y p[eut]
desirer pour son integrité, elle est par sa h[au-]
teur approchante du naturel, & represen[te]
la sainte Vierge debout, mais dans une ac[tion]
laquelle on n'observe pas pour l'ordinaire d[ans]
les autres Images de cette même Vierge, e[n]
donnant sa Mamelle à son Fils, qui y suc[e]
le Laict Virginal de cette aimable Mere.

Il luy est ordinaire de luy voir porter l[e]
Fils entre ses bras, pourquoy les Homm[es]
en leurs figures desuniroient ils, ce que [le]
Saint amour à si étroitement lié? Si Jesus é[toit]
sans Marie, que pouroient en esperer les H[om-]
mes, perdant la mediation & l'interces[sion]
de la Mere? & si Marie étoit aussi sans Jes[us]
qu'en pourroient ils attendre, puis que t[out]
le bien qui est chés elle, & chés nous, no[us]
vient, à elle & à nous, de cette source

tout bien ? Ainsi c'est avec toute sorte de raison, que le Fils & la Mere ne sont point separés dans les Images de la Mere qu'on expose aux yeux de la pieté des fideles, mais rarement la voit on representée en la fonction de Mere que j'ay marqué & qui se trouve heureusement dans l'Image de Sion.

Certes, cette Sainte Vierge & Mere tout ensemble, ne pouvoit pas se rendre plus aggreable aux yeux de ceux qui l'aiment, & qui mettent leur confiance en Elle, que soubs cette belle & aimable figure, car d'une part, elle nous porte par cet objet à honorer en elle, ce qu'il y a de plus honorable, & ce qui fait le fond de toutes ses excellences; c'est sa dignité de Mere de Dieu, nous montrant par la qu'elle est veritablement telle, & d'ailleurs, elle éleve nos esperance, par cette mesme figure, pour attendre d'elle ce que nous en pouvons desirer, soubs la qualité d'enfants Adoptifs, & d'associés comme nous sommes à la fraternité de I. C. son Fils; voyés le sur ce que je vay dire.

La Maternité en cette Vierge qui est comme vne seconde forme en elle, qui luy fait avoir raport à vn supost divin, & qui l'eleve infiniment au dessus de tout ce qu'il y à de grand au Ciel, & en la Terre, la rend digne de tout honneur; il faut mesme avoüer que les Anges & les Hommes quelques efforts qu'ils puissent faire, n'arriveront jamais, à luy en deferer autant qu'elle en merite, par raport a cette prerogative qui la constitue en vn rang qui n'est que pour elle seule; car de qu'elle gloire n'est pas digne celle qui à eu l'avantage de mettre vn Dieu au Monde, & de le faire passer au rang des Creatures ? Rien sans doute, n'est plus grand que cette Mere en l'vnivers, aussy Dieu à t il épuisé sa puissance en la faisant, puis qu'il est hors d'état de faire quelque chose de plus grand parmi les pures Creatures; or en quelle occasion pouvons nous mieux honorer cette supreme dignité en Marie; autant que nostre foiblesse est capable de le faire; que lors que nous la voyós en exercer l'office, allectant son cher Fils, & donnant sa Mamelle pour entretenir la nouvelle vie qu'elle a donné à l'Autheur de la vie : en cette conjonĉture nous demeurons convaincus de la verité & de la perfection de sa Maternité. l'objeĉt de nos honneurs St. Bonaventure, la remarqué dans les paroles que cette Femme de l'Evangile prononça autrefois; laquelle apres avoir oüy les admirables discours que Jesus fit en une oc-

Luc. c. 11.
v. 27.

casion, s'écria, en étant toute charmée, Heureux le ventre qui vous a porté, & les mamelles qui vous ont allaiĉté, prenés garde, dict ce St. Doĉteur, que cette Femme à joinĉt deux choses ensemble, le ventre qui à porté I. C. & les Mamelles qui l'ont Allaité pour faire voir que Marie en à été la veritable Mere, non seulemement pour l'avoir engendré mais auſſy pour l'avoir allaité, & comme elle l'a veritablement allaicté, auſſy là-t-elle veritablement engendré. Ce qui fut figuré par Moyſe qui fut remis à ſa propre Mere, pour en être allaicté, ainſi la verité de la Maternité de cette Vierge fut au ſens de S. Bonaventure marquée par les parolles de cette Femme, auſſi-bien que ſon Excellence & ſa perfection, en ce qu'elle allaita ſon Fils, car les Meres qui ne le font pas, qui remettent les enfans qu'elles produiſent à d'autres pour les nourrir, ne ſont pas de parfaites Meres, ce ne ſont que des demy-Meres. Marie l'eſt toute entiere de ſon Fils Jeſus-Chriſt, par ce qu'elle l'a produit de ſa ſubſtance, & nourri de ſon laict: Auſſi l'Egliſe ne croit pas pouvoir l'honorer mieux qu'en repetant les paroles ſus dittes de l'Evangile *Beata vbera Mariæ Virginis quæ lactaverunt Chriſtum Dominum.* Et cette autre Hymne compoſée par S. Ambroiſe. *O glorioſa Domina, excelſa ſuper ſidera, qui te creavit providè, lactaſti ſacro vbere,* qui eſt ſi fort au goût de cette Vierge, qu'elle declara un jour, que de toutes celles qu'on chante à ſa gloire, il n'en eſt point qui luy ſoit plus aggreable que celle cy, c'eſt ce que nous liſons dans les Chroniques de l'Ordre de S. François, ou il eſt raporté que dans la Ville de Lisbone au Royaume de Portugal, un jeune Religieux au Convent des Reverends Peres Cordeliers, tres-devot à la Sainte Vierge, ayant eut ordre de son Gardien, de la presser pour sçavoir d'elle, laquelle des Himnes que l'Eglise nous fait chanter à sa gloire, luy plaisoit davantage; Elle luy dit que c'estoit celle que je viens de marquer, d'autant qu'elle y est loüée sur l'honneur qu'elle à eût de donner la Mamelle à Jesus-Christ son Fils; & comme ce jeune Religieux luy eut representé que son Superieur ne l'en croiroit peut-être pas sur sa parole, elle adjoûta un miracle fort sensible pour confirmer la sienne, qui fut de changer son Fils de place, elle estoit representée le tenant sur le bras gauche en son Image, & elle le mit sur le droit, ce qu'ayant été reconnu sur l'heure même par tous les Religieux qui accoururent à cette nouveauté, ils en publierent le miracle à la gloire de celle qui l'avoit fait, & délors la resolution fut prise de chanter tous les Samedis au soir devant la sainte Image ou les Peuples accourent encor aujourd'huy, ces belles paroles que Marie avoit fait connoistre de sa Bouche, luy être plus agreables que toutes autres, parce que sa Maternité s'y trouve honorée, & ses Mamelles benîtes

Les mesmes Chroniques raportent aussy que St. Antoine de Pade estoit si sensiblement touché de ces paroles, qu'il s'êtoit fait vne loy de les reciter tous les jours, & que ce furent les dernieres qu'il ptononça en mourant. Hé plûft à Dieu que le Ciel nous eût inſpiré cette pratique, & que nous fuſſions auſſy fideles que ce St. a y bien ſatisfaire! Marie en ſeroit honorée, & elle s'en tiendroit obligée, nous voyant ainſi venerer ſa dignité de Mere, & ſpecialement lors qu'elle nous paroit repreſentée en ſes Images donnant amoureuſement ſon laict à ſon cher Fils! & j'adjouteray que nous l'engagerions encor mieux à nous eſtre favorable en nos beſoins, puis qu'en cét état on ne peut douter qu'elle n'y ſoit mieux diſposée qu'en tout autre, & qu'elle n'éleve nos eſperances à compter plus ſolidement ſur ce que nous avons à luy demander, d'autant mieux qu'étant devenu par vne extenſion de ſa maternité, la Mere de tous les Chrétiens, depuis qu'elle à eu l'honneur d'eſtre veritablement celle de I. C. qui nous à conſt tués ſes Freres par le Miſtere de ſon Incarnation, ſans qu'il rougiſſe, dict ſon Apoſtre, de nous appeller tels, elle ne demande pas mieux que d'en acquitter les devoirs, & ſpecialement envers ceux qui la reclament ſous ce titre, en meſme temps qu'ils s'appliquent à luy rendre leurs honneurs en ſes Images qui la repreſentent en cét état.

 Ne là t-elle pas fait en pluſieurs rencontres, d'vne maniere toute ſinguliere? St. Bernard la priant de luy mõtrer comme elle étoit Sa Mere, avec ces paroles de l'Eglise *Monstra te esse Matrem*, en trois differens lieux, en vne Eglise de Châtillô sur seine, en celle de son Abbaye de Clairvaux, & en l'Eglise de Spire pendant qu'il y exerçoit la Fonction de Legat Apostolique, en eut vn témoignage tres sensible par le Laict qui sortit des Mamelles des differentes Images devant lesqu'elles il s'étoit prosterné, & qui vint s'écouler dans sa bouche, pour luy faire goûter des douceurs plus charmantes que tout ce qui est capable d'en causer sur la terre.

On lit la mesme chose de St. Fulbert Evesque de Chartres, sur les joües & les Levres duquel, on leva quelques gouttes de cette Ste. Liqueur, qui sont encore aujourd'huy gardées dans le Thresor de cette Eglise.

Les Chroniques de l'ordre de St. Dominique raportent que la mesme faveur a esté aussy accordée à Ste. Catherine de Sienne, tres digne Fille de ce St. Patriarche. Ces admirables caresses de Marie ne sont pas pour tout le monde, il faut estre du nombre des Enfants bien aimés pour y participer; cependant nous pouvons la prier de nous y donner quelque part en luy disant ces paroles.

Nunc age; pande sinum da pluribº vbera Mater
 Nos quoque lactentes, paruula turba sumus.

Si elle ne nous donne pas de son Laict, elle fera au moins couler de son sein la douceur des consolations celestes qui banniront de nos cœurs toute l'amertume qui peut les chagriner ; bien plus nous disant au livre des Cantiques, que ses mamelles sont semblables à vne tour, elle nous veut faire entendre qu'y ayant recours en nos necessités, nous y trouverons vn Azile & vn refuge asseuré & adjoûtant au méme livre cóme elle fait, que ses Mamelles sont belles, & qu'elles vaillent beaucoup mieux que le Vin, elle nous marque encor par la, le goût des suavités que nous y trouverons ; nous apprendrons à mépriser le monde, ses plaisirs & ses charmes, qui selon les Interpretes sont signifiés par le vin.

Cant. c. 3. v. 10.

Cant. c. 1. v. 1.

Enfin cette aimable Mere montrant ses Mamelles à son Fils, pour le faire ressouvenir qu'il en à esté allaicté : & son Fils exposant & faisant voir à son Pere les blessures qu'il à receuës ; nous pourrons nous flatter, dict le sçavant Arnould de Chartres d'un pardon asseuré de nos Pechés, & de gagner nostre cause, devant le redoutable tribunal de la Iustice divine, sçachant qu'elle est plaidée par un Mediateur & une Mediatrice de si grande authorité qui employent des moyens si efficaces pour en venir à bout, *securum iam accessum habet homo ad Deum* dict cét Autheur *vbi mediatorem causæ suæ filium habet ante Patrem, & ante filium Matrem. Christus nudato latere Patri, ostendit latus & vulnera ; Maria Christo pectus*

& vbera, & ibi nulla potest esse repulsa, vbi concurrunt & orant omni lingua disertiva tanta, tantæ clementiæ munimenta & insignia pietatis.

J'ay allegué tout ce que je viens de dire, pour inspirer l'amour & le respect que nous devons avoir pour les Images particulieres qui nous representent la Sainte Vierge dans les fonctions de sa Maternité, qui nous portent à l'honorer, & à y mettre nôtre confiance; telle est celle que nous reverons sur la Montagne de Sion; & j'ay crû que je ne devois pas obmettre d'y faire remarquer cette notable circonstance si avantageuse comme j'ay dit d'abord à la gloire de cette Vierge & à nôtre utilité.

CHAPITRE

CHAPITRE XI.

Comment la Sainte Vierge sur la Publication de ses premiers Miracles, attira les Peuples à la venir honorer en son Image, sur le Mont de Sion.

LA Sainte Vierge ne tarda pas comme j'ay dit à faire connoître qu'elle faisoit sa residence au haut de cette Montagne, par les premiers prodiges qu'elle y fit dans l'abord; & les Peuples du Voisinage ne tarderent pas aussi à y monter en ce même temps pour luy rendre leurs respects; comme Jesus-Christ son Fils n'est nullement jaloux des honneurs que nous rendons a sa Mere, mais qu'au côtraire, il se tient offensé, lors que nous negligeons de remplir un devoir aussi juste que celuy cy, voulant qu'elle soit aprés luy le principal object de nos amours & de nos reverences; il luy à donné le moyen de se les assurer en luy communiquant le pouvoir de faire des miracles, outre tant d'autres raisons qui nous obligent à les luy deferer avec tant de justice.

Vous sçavés que c'est la une voye seure pour se mettre en crédit, & pour s'acquerir les honneurs des Peuples, que de faire des miracles à leur veüe: Saint Paul ne s'est il pas veu deux fois sur le point d'estre adoré comme un Dieu pour cette cause, ce fut lors qu'apres avoir secoüé une Vipere dans le feu, laquelle s'estoit attachée à sa main, les Barbares le regarderent comme une Divinité, voyant qu'il ne tomboit pas roide mort devant eux, ainsi qu'il s'y étoient attendus; & lors aussi qu'ayant fait en une autre occasion, marcher un homme qui n'avoit jamais usé de ses jambes & de ses pieds, on se mit en devoir de luy sacrifier des Victimes, comme à un Dieu, aussi bien qu'a S. Barnabé qui y avoit eu part: Les Gentils qui leurs virét faire ce miracle, nommant le premier Jupiter, & le second Mercure.

Pendant que la Sacrée Vierge resida sur Terre, son Fils ne jugea pas à propos de l'y faire briller par cet endroit, car l'Ecriture ne nous apprend pas qu'elle ait fait aucun miracle dans tout le cours de sa vie; il faut croire que ce bon Fils à eu des raisons pour en user ainsi envers sa Mere, lesquels nous devons adorer dans le silence, puis qu'il ne luy à pas plû de nous les reveler par la plume des Saints Euangelistes; il se reservoit à la faire considerer par ce moyen en un autre temps, qui est celuy qui à commencé à couler depuis son départ de la Terre, & son
élevation

élevation au Ciel & qui doit continuer jusque à la fin du monde; pendant ce temps son Fils a voulu & le voudra toûjours, qu'une infinité de prodiges soient faits partout & en tous lieux par les mains de sa Sainte Mere, & que Marie dont le sein est appellé par Arnoult de Chartre, une source & un reservoir de Miracles, *Officina miraculorum*, en fit tant qu'il luy plairoit, pour s'attirer par là les honneurs des fidels. C'est pour cela qu'il a voulu que dés les premiers siecle de l'Eglise, ses Temples fussent le refuge des Hommes, ses Autels l'azile des miserables & ses Saintes Images qui y sont presentées; les instruments d'une infinité de merveilles dont il seroit difficile de raconter le nombre.

En effet, les Images de cette Vierge reclamées par des Princes Chrestiens, leurs ont fait gagner de fameuses victoires; elles ont appaisé les tempettes & sauvé du naufrage ceux qui y ont recours, quelques uns ont fait descédre du Ciel, les graces que l'on en demandoit & gueri toute sorte de maladies, en sorte que l'on peut dire que celles dont Marie veut bien se servir pour exercer ce pouvoir miraculeux que son Fils luy à donné, sont autant d'excellents preservatifs & de remedes efficaces pour la guerison des maux qui affligent les Hommes icy bas, tant du côté de l'Ame, que du côté du corps.

E

Mettons au nombre de ces celebres Images, celle que la sacrée Vierge à choisi & fait élever sous son nom sur le Mont de Sion ; puis que dans le cours de six à sept cens ans, elle à fait par son moyen une infinité de prodiges ; elle à rendu la veüe aux aveugles, l'oüye aux sourds, la parole aux muets, elle à fait marcher droit les boiteux. Ce furent aussy ces Miracles lesquels luy attirerent d'abord les peuples du voysinage & en suite de toutes parts qui prosternés à ses pieds luy témoignerent leurs respects, loüant en elle cette admirable puissance, dont ils la voyoient revestüe & qui n'étoit employée de sa part qu'à les secourir en tous leurs besoins.

Ce ne furent que de simples peuples, lesquels dans les commencements, s'acquiterent de ce devoir, aussy ne sont ils pas ordinairement les derniers dans l'exercice des œuvres de picté, Les Bergers se trouverent aux pieds du Berceau de Jesus Christ dans l'Etable de Bethléem avant que les Roys sy fissent voir, & il receurent avant eux les premiers bien-faits de sa sainte Naissance. On ne vit de mesme au cómencement, que de simples peuples aux pieds de la sainte Image de Sion, Marie voulut qu'ils joüissent les premiers de ce sacré depost, & qu'ils precedassent les Princes & les Princesses, pour luy rendre leurs honneurs & en recevoir des bien-faits.

Ce n'èt pas neantmoins quelle veuille exclure les grands, de la participation des graces qu'elle diſtribue dans ſon temple de Sion, les portes en ſont ouvertes à tout le monde, ils y ſeront les bien venus quoy qu'ils y viennent les derniers ; les Roys furẽt accueillis en Bethléem apres que les Bergers y eurent precedé, comme Jeſus à aſſujetti à l'Empire de ſa Mere toute la nature humaine, il eſt juſte qu'on voye à ſes pieds les grands auſſy bien que les petits; c'èt ce qui c'èt fait comme nous allons le voir dans le Chapitre ſuivant.

CHAPITRE XII.

Eſtabliſſement de la Comté de Vaudemont qui á fourni en quelqu'vns de ſes Seigneurs des Serviteurs à Marie, auſſy bien que des Peuples qui ont reveré la Ste. Vierge à Sion.

L'Establissement de la Comté de Vaudemont, donna à Marie en ſa demeure ſur le Mont de Sion, un voiſinage propre à l'y faire honorer par les grands, auſſy bien que par les peuples; elle avoit jusque à lórs sejourné seule en ce lieu, l'erection de cette côté luy dóna des voisins sur unes des deux croupes de la Montagne qui touche celle de Sion, & sur laquelle on-va de celle-cy de plein pied.

Cette erection fut faite par l'Empereur Henry quatre en faveur de Gerard d'Alsace quatriesme du nom & premier Comte de Vaudemont. Pour comprendre comment, & pour quelle cause cette erection se fit, il faut remonter jusque à la source des Gerards d'Alsace, desquels il est souvent parlé dans l'Histoire de Lorraine, sur les démelés qu'ils ont eu avec les Princes de cette Maison. Les Historiens la marquent en un certain Conrard, surnommé le sage allemand de nation, Seigneur de Vormes, & de quantité d'autres riches Terres en Alsace; quelques Autheurs le font descendre du sang de Charlemagne; Il avoit Epousé Luitgarde, Fille de l'Empereur Othon premier, lequel luy avoit confié le gouvernement du Royaume de Lorraine, qu'il administra avant Bruno Archevesque de Cologne, frere de l'Empereur susdit, ainsy que je l'ay marqué cy-devant. Ce Gerard eut de sa Femme un Fils, qui fut nommé Theodoric, ce Theodoric engendra Gerard surnommé d'Alsace premier du nom, & qui fut aussy le premier qui eût des dêmelés avec les Ducs de Lorraine, car il se trouva en quelque batailles contre eux pour les interets de Lambert Comte de Louvain son cousin, qui disputoit la Lorraine, & qu'il pretendoit luy appartenir au nom de Gerberge sa Femme Fille de Charles de France premier Duc de Lorraine établi par l'Empereur Othon second. Ce Gerard eut un Fils nommé Richard, qui fut tué en combatant avec son Pere pour ce Comte de Louvain, il laissa deux Fils, qu'il avoit eu de sa Femme, sœur de l'Empereur Conrard, lequel avoit succedé à l'Empire à Henry second; ces deux Fils estoient Albert & Gerard second, Albert fut tué par Godefroy le hardy Duc de Lorraine, par ce qu'il luy voyoit detenir le petit Duché de Mosellane à son prejudice, qui se trouvoit entre Metz & Treves, duquel l'Empereur Henry troisiesme Fils de Conrad l'avoit injustement gratifié apres la mort de Gozelon Duc de Lorraine, Pere de ce Goderoy, lequel ne recupera pas toutefois par cette mort d'Albert, son Duché de Mozellane. Gerad second, autre Fils de Richard & Frere de cet Albert engendra Gerard troisiesme, auquel l'Empereur Henry quatre donna ce Duché qu'il possedoit du vivant de Godefroy le Hardy & de Godefroy le Bossu tous deux Ducs de Lorraine. Il eut de Hadevide sa Femme deux Fils, dont l'un fut Theodoric, & l'autre Gerard quatriesme, ce Theodoric succeda à son Pere au susdit Duché de Mozellane vsurpé sur les Ducs de Lorraine par la violence des Empereurs Henry troisiesme & Henry quatrième; on voit en quelques Fondations qu'il à fait, qu'il prend la qualité de Duc de Lorraine, non pas qu'il le fut veritablement; mais par ce que le Duché qu'il possedoit, estoit cõposé d'une partie de la Lorraine Mozellanique, c'est a dire de l'ancienne Lorraine Mozellanique, qui se trouvoit le long de la Riviere de Mozelle. Il laissa un Fils nommé Simon, qui fut le dernier Duc de ce petit Duché, par ce que n'ayant laissé qu'une Fille, nommée Berthe, qui fut Mariée à Ferry de Lorraine & qui estant decedée sans Enfants, ce Duché prit fin & fut divisé en tant de part qu'il perdit entierement son nom & s'evanoüit parmy les debats & les contestations des Heritiers de ce Ferry & ceux de Berthe sa Femme.

Quant à Gerard quatriéme du nom, il eut apres la mort de Gerard troisieme son Pere, quelques demelés avec Theodoric son ainé sur leur succession, mais l'Empereur Henry quatriesme les accommoda & comme la Seigneurie de Vaudemont leur appartenoit, il la fit tomber à Gerard & l'eriga en sa faveur en Comté & le fit ainsi premier Comte de Vaudemont, & Chef d'une tres Illustre maison, laquelle à fourni de grands Hommes, ainsy qu'on peut l'apprendre de leur Histoire de Vaudemont.

Ce Gerard fut le premier Fondateur du Château qu'il fit bâtir en un fort bel aspect, à l'endroit que jay marqué cy-dessus, ayant en une veüe fort découverte l'Eglise de Nôtre Dame de Sion, ou il estoit facile de se rendre sur la hauteur par un chemin commode & beau en toute saisõ, tel qu'il est encor aujourdhuy; outtre que cette Maison fut tres-belle, Gerard la rendit aussy tres forte par la commodité de son assiette; ses successeurs continuerent d'y habiter apres luy & l'ontfait jusque en l'Année 1639 quelle fut ruinée & demolie par les Ordres de Loüis treize Roy de France, lequel estant entré en guerre contre la Maison d'Autriche avec Gustave Adolphe Roy de Suede, se saisit de la Loraine & en destrusit les postes qu'il jugea ne pas devoir luy estre vtils.

Le Comte Gerard establit pour Capitalle de sa Comtè, une petite ville nommée Vezelise, size à une bonne lieüe de son Château, en un fort beau Vallon & entre deux Côteaux assè fertiles, ou coule une petite Riviere appellée Brenon, il y à en cette Ville, une tres-belle Eglise pour l'Elevation de ses voutes, son jour & son degagement, accompagnés d'une Tour fort elevée, dont la pointe est d'une hauteur extraordinaire. Ce Prince fut un peu violent dans le commencement de son regne, mais s'étant aperceu, qu'il en devenoit odieux à sa Noblesse & au Peuple, il corriga ce defaut & se rendit plus doux & plus traitable & s'adonna mesme à la pieté, qu'il navoit pas jusque a lors cultivèe avec beaucoup de soin. Voyons ce qu'il fit en faveur de la Sainte Vierge de Sion.

CHAPITRE XIII.

Les premiers Comtes de Vaudemont, fideles à honorer la Ste. Image de Sion.

Il étoit bien juste que les Comtes de Vaudemont témoignassent leur zele à honorer l'Image de Sion, puis qu'ils possedoient ce riche Thresor au milieu de leur Comté & que le lieu de leur sejour étoit si proche de celuy de Marie qui étoit venuë s'y établir la premiere par le choix qu'elle avoit fait de cette Montagne, & qui en avoit pris possession dés longtemps, ainsy c'estoit aux derniers venus à luy rendre leurs respects dans le lieu de sa demeure

Gerard quatrieme premier Comte de Uaudemont fut le premier à y satis-faire; il étoit juste qu'en cette qualité il en commença l'action pour témoigner à Marie que bien qu'il se trouva le Maistre du fond ou elle avoit bien voulu fixer sa demeure, il prétendoit neanmoins estre son Vassal, la reconnoistre pour la premiere maistresse de sa Comté, soubs l'authorité de laquelle, il s'assujettissoit entierement : en vn mot, que son dessein étoit de ne point porter d'autre qualité a son égard, que celle de son tres humble serviteur, & que la plus forte de ses passions étoit que tous ses descendants prissent à cœur de se voir honoré de ce tiltre preferablement à tous autres.

Ce qui luy donna ces sentiments si respectueux envers Marie, & ce qui le fit entrer dans cette émulation, & dans ce zele pour sa gloire; fut la Narration qu'on luy fit des prodiges qu'elle avoit faicts en ce lieu, ou reposoit sa Ste. Image, ce qu'elle continuoit de faire encor journellement en faveur de ceux qui venoient implorer son secours par l'abondance des graces interieures qu'elle y communiquoit, & les guerisons Miraculeuses qu'elle y operoit exterieurement, ce qui pouvoit donner lieu à luy repeter ce que le Sauveur envoya dire autrefois à St. Iean par quelqu'un de ses Disciples, sçavoir que les Aveugles par la puissance de cette Vierge voyoient, que les sourds entendoient, que les Muets parloient, & que les Paralitiques étoient gueris, & les Démons chassés des Corps de ceux qu'ils possedoient. *Matth. c. II v. 5.*

Le Comte sur ces instructions crût qu'il ne falloit pas laisser vne si bonne voisine sans l'honnorer de tout son cœur, il prit la resolution d'en acquitter tous les devoirs, de la visiter souvent, d'estre assidû à se trouver à ses pieds, pour luy rendre ses hommages, & de

prendre soin que tout fut fidellement servi
pour le Culte & la Décoration de son Image,
aquoy il se trouvoit d'ailleurs solicité de satisfaire;
quand bien méme il n'y auroit pas été
porté par les mouvemens de sa pieté particuliere,
par les empressemens & les solicitations
de Haudevide son Epouse Fille de Huibert
Duc de Bourgogne, Princesse tres Chrestienne
& tres devote, laquelle eut comme son Mari
des sentiments d'une veneration toute singuliere
pour cette Ste. Image de Marie.

Vne conduitte aussy pieuse que celle de ce
Comte & de cette Comtesse servit beaucoup à
insinuer à leur Famille de pareilles dispositions
de pieté & de devotion, en effet on vit
les Enfants dont Dieu avoit beni leur Mariage
suivre exactement leur exemple, sur les devoirs
qu'ils étoient obligés de rendre à cette
Vierge.

Hugues qui en étoit l'Aisné, & qui en cette
qualité recuillit la succession de la Comté de
Vaudemont, apres leur mort, ne crût pas que sa
fortune dût luy estre assé avantageuse à moins
qu'il ne se rendit encor l'heritier de leur devotion,
envers l'Image de la Ste. Vierge; aussy
se distingua-t-il par cèt endroit, & s'attacha
fort, pour qu'il fut imité en cette Ste. pratique
par son Successeur qui fut Gerard cinquiéme
du nom, entre les Gerards, d'Alsace &
& troisiéme, entre les Comtes de Vaudemont

portant le nom de son Ayeul qui en avoit été le premier Comte soubs ce nom de Gerard quatriéme; celuy cy en vsa de mesme que ses Predecesseurs, il se signala comme eux en cette rare pieté envers Marie, & la l'aissa en Heritage à Hugues second son Fils, qu'il avoit eu de Gertrude Fille de Conrad troisiéme, Comte de Luxembourg, & semblablement à son petit fils nommé aussy Hugues quatriéme, cinquiéme Comte de Vaudemont, lesquels furent tous deux des Princes tres sages & tres vertueux, comme on peut en juger par les Actions particulieres de leur vie, & specialement par les fondations que le premier fit en l'Abbaye de Clairlieu, & à celle de Ste. Marie aux Bois, & le second en l'Abbaye de Morimont avant son depart pour la Terre Sainte, s'étant croisé pour ce voyage, auec Richard Frere du Roy d'Angleterre, les Ducs de Bourgogne & de Bretagne, & autres, sur les exhortations de Gregoire neuf, qui deputa les Cordeliers & les Jacobins pour prescher cette croisade. Il en fit aussy vne seconde à Clairlieu, étant retourné de son voyage d'outremer.

Il paroist par cette conduite des premiers Comtes de Vaudemont combien ils furent fidèles à honorer la Ste. Vierge en son Image de Sion, & le zele qu'ils eurent pareillement à en insinuer la devotion en leurs Familles; mais ce Hugues troisiéme, duquel ie viens de parler, n'eut pas à cet égard le mesme succéz que ces Predecesseurs avoient eu il fut Pere d'vn Fils, qui fut Henry premier du nom, qu'il eut de Marguerite Fille de Henry Duc de Bar, lequel degenera entierement des vertus de son Pere, & s'estant abandonné à toutes sortes de desordres, aussy bien que Henry second son Fils, ils attirerent sur leurs testes les justes punitions de la justice Divine, specialement depuis que leur impieté les eut engagés à outrager Marie en son Image de Sion.

CHAPITRE XIV.

Comment Henry premier & Henry second Pere & Fils & 6. & 7. Comtes de Vaudemont, furent severement punis pour leur impieté envers la Sainte Image de Sion.

LES monstres qui sont produits dans la nature contre ses intentions ne luy sont pas tout à fait jnutils, puis qu'ils font voir la perfection de ses autres ouvrages par les difformités; il y à dans les familles les plus Illustres, &

es plus Saintes, des Enfants qui y naissent auec des qualités si vicieuses, & qui s'abandonnent si fort dans la suitte de leurs jours aux desordres, & à la dissolution, qu'on peut les regarder comme des Monstres, mais il ne faut pas imaginer qu'en cette qualité ils ternissent la gloire de leur Famille; la honte & la confusion ne tombe que sur eux seuls, & bien loin d'en charger ceux qui les ont produits, ils en elevent l'éclat, par la contrarieté de leurs mœurs, & en rendent la vertu d'autant plus recommandable qu'ils leurs sont plus opposès par leurs vices.

Prenons cette precaution en faveur des premiers Comtes de Vaudemont que nous ne devons pas moins estimer, pour trouver en leur Maison deux Successeurs, lesquels ayant herité de leurs Biens, n'on pas herité de leurs vertus, mais qui se sont prostituès en toute sorte d'excez. J'ay vne espece d'horreur de me trouver engagé à les raconter icy; mais puis que la honte est vne punition du Pechè, il ne faut pas aprehender de fleftrir la memoire de ceux qui n'ont pas seulement craint de le commettre, mais qui s'en sont fait gloire, & qui ont affecté d'estre Pecheurs & mechants de profession.

Henry premier du nom fut le premier de ces deux Princes jmpies, & le second fut Henry second, Fils du premier, & le fidele jmitateur des actions criminelles de son Pere, la superbe & l'Ordure, l'Avarice & l'Impieté; furent comme quatre roües enflammèes qui les entrefnerent en toute forte de vices & de defordres; leur orgueil les rendit infupportables, on ne fçavoit comment les aborder, ils fe tenoient offensès des Methodes les plus respectueufes qu'ō pouvoit obferver en les cōmuniquāt leur Impureté fut telle, quelle caufa vne terreur generalle à toutes les perfonnes du fexe, pour lefquelles ils n'avoient nul refpect, & n'obfervoient nulle diftinction & confideratiō. Leurs avarice leurs fit exercer fur la Nobleffe, & fur leurs Peuples des Rapines, & des Voleries qu'on n'auroit pas attendu d'vn ennemy ouvert qui fe feroit jettè la main Armée dans le Païs. Mais ce qui acheva de les rendre tout à fait odieux, & à Dieu, & aux Hommes, ce fut leur jmpietè qui les porta à ne faire aucun difcernement entre le Sacrè & le Profane, car ils pillerent egalement les Temples, & les Eglifes, ils s'acōmoderent de tout ce qu'il y avoit de plus pretieux pour en fatisfaire la brutalitê de leurs paffions; ils defpoüillerent fans nulle confideration les perfones confacrèes au fervice divin, de leurs droit, & de leurs heritages, & ravirent à l'Eglife par vne main Sacrilege tous les biens que la pietê de leurs Anceftres luy avoient donnê

Ces crimes ètoiēt fans doute affè enormes pour attirer fur eux les vengeances du ciel; ce pen-

dant Dieu les souffrit avec sa patience & sa be-
gninité ordinaire pour leur donner le temps de
prevenir les coups de sa Justice, laquelle devoit tôt ou tard les punir, mais ils n'en profiterent pas, au contraire, ayant mis le comble
à leurs iniquités, en outrageant Marie, de laquelle ils pillerent egalement le Temple sur le
Mont de Sion, luy enlevant tous les biens
quelle avoit bien daigné recevoir de la devotion des fideles, dont elle avoit commencé de
se faire un petit Thresor. La Justice Divine
s'enflammant dans cette occasion pour venger
les interest de cette Vierge, elle qui ne souffrit
pas qu'autrefois l'Arche d'Aliance & les Vaisseaux destinez au culte de Dieu fussent impunement touchez, par des mains polüies, qui
venga si durement les injures faites à ce qui
n'étoit que la figure de nos Misteres, châtia par
une punition exemplaire ces audacieux, qui a-
voient si effrontement perdu le respet à la Mere
du Verbe de la gloire, & violez celuy de son
Saint Temple, ce fut en les chassant l'un &
l'autre de leurs propres heritages, comme indignes de posseder un fond que Marie jusque
alors avoit benit & protegé & les contraignant
d'aller finir honteusement une miserable vie
dans un Païs êtranger, loin de la sepulture de
leurs Peres; comme des gens bannis & exilés
pour leurs crimes

 Cette Justice suscita pour cest effet, perry

Duc de Lorraine, lequel pour mettre en execution ces Arrêts, sans sçavoir qu'il fut honoré de cette commission, entra dans la comté de Vaudemont, porta le degat de toutes parts par represailles, de ce que Henry premier le Pere, en avoit commencé l'action en ses Estats, deffit entierement ses Trouppes, & le contraignit de se sauver tout blessé qu'il estoit en champagne, d'où il revint par apres vers Thiebaut second comte de Bar, qui l'ayant ensuite mené avec luy en Flandre au secours de la Comtesse Marguerite, y fut fait prisonier par les gens de Guillaume Comte de Hollande, qui luy rendit la liberté à la solicitation de Renault, auquel il vendit la plus part de ses Fiefs & Seigneuries. Et le Duc de Lorraine n'en êtant pas enfin satisfait, le contraignit de nouveau à sortir de son Païs, desorte qu'il se retira dans le Royaume de Naples, ou il servit soubs Charles de France Roy de Sicile, qu'il accompagna aussy en Egipte, ou il fut au secours de Sainct Loüis son Frere & étant enfin revenu en Sicile, il y mourut sans honneur & sans gloire au Siege de Pucerie l'an 1279.

Son Fils Henry second ayant succedé au Comté de Vaudemont eut quelque moderation sur la disgrace de son Pere, mais une longue habitude qu'il avoit contractée dans une vie entierement dereglée, l'ayant fait revenir à ses premiers desordres, il attira un même sort sur luy,

luy, il fut chaſſé de ſon Païs comme ſon Pere, & contraint de ſe retirer, ainſy qu'il avoit fait en Sicile, ou s'eſtant engagé dans vne guerre contre les Arragonois, il fut tué ſur Mer avec deux de ſes Freres, qu'i l'avoient accompagné en ſon malheur, ſans être regretté de perſonne. Les malheureux volontaires ne ſont jamais à plaindre, ſe bandant les Yeux pour ne pas voir, & offuſquant la lumiere de leur raiſonnement par les noires & honteuſes paſſions qui les dominent, afin qu'elles ſeules ſoient leur guide, ne ſont dignes d'aucune compaſſion.

Ce Henry ſecond laiſſa pour ſucceſſeur de ſa Comté Henry troiſiéme ſon Fils, qu'il avoit eu d'Eleſque Fille de Loüis Comte de Poitiers & de Châtillon, qui fut vn Prince vrayement Religieux, & autant que ſon Pere & ſon Ayeul avoiét été jrreligieux & dereglés en leurs mœurs, & qui marqua auſſy autant d'eſtime d'amour & de veneration envers la Ste. Image de Sion, que ceux la avoient eu de mépris & d'irreverence pour elle.

F

CHAPITRE XV.

L'Amour & les respects particuliers de Henry troisiéme Comte de Vaudemont, & d'Isabelle de Lorraine sa Femme envers la Ste. Image de Sion.

Voicy dans la personne de Henry troisiéme, Huictiéme Comte de Vaudemont vn fidele reparateur de l'ancienne pieté de ses predecesseurs envers la Ste. Image de Sion, & vn restaurateur de la gloire de son Illustre Famille, que son grand Pere, & son Pere avoient si honteusement terni par le debordement d'une vie licentieuse & tres jndigne des gens de leur qualité.

Ce jeune Seigneur succedant au Comté de Vaudemont apres la Mort de son Pere, la trouva en fort méchant état, pour les rapines & tirannies que son Pere y avoit exercé, & pour tous les acts d'hostilités commis, par le Duc de Lorraine, qui y estoit venu en véger les excez. Les cœurs de tous les peuples estoient aussi fort aigris contre sa Famille pour les vexations qu'ils en avoient soufferts; la Noblesse portoit vn grand ressentiment en l'ame, pour les mar vais traitements qu'elle en avoit receüs, les Eglises gemissoient de leurs profanations, & se plaignoient de l'injuste enlevement de leurs biens, il falloit beaucoup de prudence & vne conduitte fort sage, pour regagner les cœurs & adoucir l'amertume qui avoit profondement penetré tout le Monde, le Comte Henry n'en manquoit pas, il s'en servit si à propos, qu'il fit revenir petit à petit les Esprits, en quoy il fut heureusement aidé D'Isabelle Fille de Ferry second Duc de Lorraine Princesse tres sage & tres vertueuse.

Tous deux d'abord s'appliquerent avec beaucoup de soin à la reparation des domages qu'avoient soufferts la Noblesse, les Eglises, & les Peuples. Ceux qui avoient beaucoup perdu soubs les deux regnes precedents furent indemnisés de leurs pertes; la Noblesse en fut si amplement satisfaicte qu'ils en recouvrerent entierement l'amitié, & ils eurent soin de restituer aux Eglises avec vsure les pertes qu'elles avoient faictes, & c'est ce qui fit donner à Henry avec raison la qualité, & le surnom de juste.

Mais il restoit vne de ces Eglises au voisinage qui les tenoit fort à cœur pour les violences qui y avoient été commises, & les outrgeantes injures faictes à celle qui y étoit honorée, c'étoit celle de Sion, qu'on ne voyoit du Château de Vaudemont qu'avec vne extrême douleur, ils y vîrent de compagnie se jetter aux pieds de la Ste. Image de cette Vierge, qu'ils jugerent bien devoir se tenir offensée, pour luy faire reparation d'honneur, & la supplier de ne pas vouloir étendre ses justes ressentiments jusque sur eux, qui desavoüent les indignités que des personnes qui leurs étoient si proches, avoient eu l'insolence de commettre contre elle ; mais de leurs conserver l'honneur de cette favorable protection, dont elle avoit gratifié leurs Ancestres, lesquels par leurs respects & leurs services, avoient taché de la meriter, promettant d'en vser à son égard, comme ils avoient fait, de l'honorer tres particulierement, & de l'indemniser, ainsy que la Iustice le vouloit, de la perte des petits biens qui luy avoient été offerts, & ce fut aquoy ils satisfirent avec une fidelité tres exacte, le Comte craignant beaucoup que la Iustice de Dieu ne luy fit porter les peines deües à l'iniquité de ses Peres, en étendant le châtiment comme elle fait quelque fois jusque sur la quatriéme generation.

Ils prirent pour cét effet le dessein de loger la Ste. Image mieux qu'elle ne l'avoit été jusque alors, son Eglise avoit été asé petite, car selon toute apparance, elle ne contenoit que ce qui en fait presentement la nef, c'estoit l'ancien ouvrage de St. Gerard, qui la luy avoit fait bâtir en la forme qu'on voit encore aujourd'huy cette méme nef, & n'osant pas y toucher, & encor moins la destruire, pour le respect qu'ils portoient au merite, & à la vertu de ce St. Evesque, ils se contenterent d'adjouster vn Santuaire derrier cette nef, pour y placer plus decément la Ste. Image, & luy donner plus de jour pour la consolation des Pelerins; ils le firent donc élever tel qu'il est encor aujourd'huy, precedé d'une petite Voûte qui soûtient l'Arcade, qui en porte au dedans vne plus grande, & plus élevée, laquelle couvre ce Sanctuaire, en la clef de laquelle on voit l'Ecusson des Armes de Lorraine chargé de trois Allerions qui y sont representés, & c'est cét édifice érigé par leurs soins, qui à donné occasion à Vassebourg d'écrire qu'ils avoient fait bâtir cette Eglise de Sion; elle étoit bâtie long temps auparavant, ils y adjousterent seulement cét edifice que i'ay marqué; ainsy ils nē sont pas les premiers Fondateurs, mais seulement les reparateurs, ils n'on pas commencé, mais ils ont augmenté.

Ils firent aussy eriger un Autel en ce nouvel edifice, sur lequel fut posée la Ste. Image éclairée de trois grands jours qui servoient en ce temps à faire voir plus commodement celle qui surpasse le Soleil en clarté au plus beau de ses jours, & qui à donné au Monde pour en dissiper les tenebres, celuy qui étant engendré dans les splendeurs des Saints, éclaire tout homme qui y vient; les Armes de Lorraine & de Vaudemont paroissent encore en l'une de ses fenêtres. Apres que tous ces ouvrages furent achevés, le Comte & la Comtesse en firent la consecration à Marie, & la supplierent avec beaucoup d'humilité de vouloir bien accepter ce petit témoignage de leur affection qui devoit la mettre par cét aggrandissement de son Eglise, & les Ornements qui y furent adioûtés, un peu plus en honneur que du passé en son ancien logement.

Il parut bien que la sacrée Vierge se tient fort satisfaite de ces témoignages de la pieté de ce Prince & de cette Princesse, les ayant dans la suitte comblés de toute sorte de benedictions, & entre autres leurs ayant obtenu de Jesus-Christ, Henry IV. pour Successeur de leur Comté, Prince aussi tres pieux & rempli de valeur, dont il donna des marques en la bataille de Crecy, pour le service de la France contre les Anglois, ou il perdit la vie.

Marie leurs obtint encore la Princesse Marguerite, qui fut mariée à Anselme Baron de Joinville, & Seigneur de Vaucouleurs, de Rivet, & de Bonnet, lequel par son Mariage joignit toutes ces belles Terres au Comté de Vaudemont.

Mais ce ne furent là que des benedictiós temporelles, elle y adjoûta en des spirituelles, qui furent des graces interieures, dont son Fils luy a remis la distribution, qui servirent à leur faire consommer le reste de leur vie dans la pieté & l'exercice d'un grand nombre de bonnes œuvres, car ils fonderent à l'entrée de leur Château de Vaudemont une Eglise Collegiatte, soubs l'invocation de S. Jean Baptiste, ou le service est encor aujourd'huy fort soigneusement fait par dix Chanoines, qui y sont établis; deplus ils firent bâtir & fonderent l'Hôpital du Pont S. Vincent; ils augmenterent la fondation du Prieuré de Belleval ou plusieurs Comtes de Vaudemont sont inhumés, & celles aussi de Clairlieu & de Bouxiere aux Dames; & enfin apres un tres-grand nombre de semblables actions de Pieté; Dieu les appellant à luy, ils moururent tres-saintement, la Comtesse la premiere à Vaudemont, ou elle fut enterée en l'Eglise de S. Jean, & sur le Tombeau de laquelle on lit ces vieux Vers en langue Gauloise qui marque ce que j'ay écrit d'elle,

En ce lieu gist une Comtesse
De Vaudemont Dame & Princesse,
Dame Isabelle l'apelloit on,
Pleine de grande devotion
Fille fut du Duc de Lorraine,
Homme bien famé par tout regne,
Epouse au vaillant Comte Henry,

Bon Chevalier, preux & hardy.
Elle premierement fonda
Cette Eglise & édifia,
Puis à Dieu son Ame rendit
Au mois de tous le plus joly
De Feste Saint Gigoul le jour
L'an de grace Nôtre Seigneur
Mil trois cent avec trente cinq
Si prions Jesus le benin
Qu'il la vueille garandonner
Et tous ces meffaits pardonner.

Le Comte ne suivit pas si tôt son Epouse en l'autre monde, il eut le temps de gemir & de pleurer la perte de cette aimable compagne, mais enfin une mort douce & tranquille qui luy arriva trois ans apres, sçavoir en 1338. luy donna lieu d'aller la joindre dans la gloire, pour y goûter avec elle les suavités & les charmantes delices, que Dieu y à preparé pour ceux & celles qui sont fideles en cette vie à le servir & sa Sainte Mere.

CHAPITRE

CHAPITRE XVI.

Pieté de FERRY de Lorraine douziesme Comte de Vaudemont, envers la Sainte Image de Sion.

CE Ferry n'estoit pas descendu des Comtes de Vaudemont, il étoit de la Maison de Lorraine, Frere de Charles son Ainé, lequel en cette qualité en étoit le Souverain.

Il fut fait Comte de Vaudemont par le moyen de sa Femme, en la maniere que je vay raconter. Cette Femme, fut Fille de Henry V. unziéme Comte de Vaudemont, lequel eut quatre Enfants de Marie de Luxembourg, Sœur de S. Pierre de Luxembourg, sçavoir deux fils, Henry & Anselme, qui moururent jeunes, & deux filles, Marguerite, & Alix. Cette derniere fut mariée à Henry du Neuf Château, auquel elle porta en Mariage les Terres du Châtelet sur le Doux, de Châtel sur Mozelle, de Chaligny & de Bainville aux miroïrs.

L'ainée, qui étoit Marguerite herita de Vaudemont, de Joinville, & du reste. Elle fut mariée en premieres Nopces à un Comte de Geneve, Frere de Clement VII. Ce Comte vêcut peu, & ne luy laissa point d'Enfants.

Charles Duc de Lorraine pensa à cette jeune Vefve, & prit la resolution d'en faire la recherche; il luy envoya Ferry son Cadet, pour luy faire ouverture de ce deſſein.

Celuy cy se rendit à Vaudemont où étoit la Dame; pour l'execution de sa commiſſion; mais ayant trouvé lieu à parler pour soy même, il le fit, & il conduisit si bien cét affaire, que la Comteſſe s'engagea, & étant de retour vers son Frere, il luy dit franchement ce qui s'étoit paſſé, lequel le trouva bon, car il aimoit Ferry, & fut joyeux de cette heureuſe avanture, de sorte que Ferry épousa Marguerite, & fut par ce moyen le douziéme Comte de Vaudemont, ce qui donna occasion à faire tomber dans la suite cette Seigneurie, & toutes les autres qui en dependoient dans la Maison de Lorraine.

Ce Comte Ferry fut fort brave de sa Personne, tres-vaillant Homme de Guerre, & fort attaché aux intereſts de la France, pour le service de laquelle il fut tué en la bataille d'Azincourt contre les Anglois, apres avoir donné en cette occasion des marques d'une incomparable valeur; son Corps fut apporté à Joinville, où il fut enterré en l'Eglise de S. Laurent, & laiſſa pour Succeſſeur de la Comté de Vaudemont Anthoine, qui en fut le treiziéme Comte.

Mais ce qui rendit ce Prince particulierement recommandable, ce fut son zele pour sa Religion & les œuvres de pieté, auxquelles il fut toûjours tres-soigneusement appliqué, ayant toûjours mis ordre, pour que Dieu fut fidellement servi en sa maison, & y donnant pour cela un exemple assidu en sa personne. J'adjoûteray qu'il n'eut pas moins d'attachement à honorer sa sainte Mere, la respectant avec beaucoup de veneration en ses Images, & notament en celle de Sion, se rendant fort soigneux à la visiter en son S. Temple, tandis qu'il faisoit sejour en son Château de Vaudemont; & à la reclamer lors qu'il en étoit absent, & sur tout en tant d'occasions perilleuses, ou il se rencontra en la profession des Armes, aussi en receut il les secours & la protection, jusque au dernier jour que la Providence avoit reglé pour terme de sa vie, ce qu'il merita de sa bien vaillance par son assiduité à la servir & honorer; & à donner occasion aux autres à en user de même envers cette sainte Vierge, ainsi que cela paroistra au Chapitre suivant.

CHAPITRE

CHAPITRE XVII.

Le même Ferry établit un Ordre de Chevaliers pour faire honorer plus particulierement la Sainte Vierge, en son Image de Sion.

S'Il y a eu quelque chose de singulier en la conduitte du Comte Ferry a nous faire voir, le grand zele dont il étoit animé à procurer des honneurs à Marie, c'est sans doute cette belle association qu'il fit de son temps des plus grands Seigneurs & Dames du Païs avec soy, pour conjointement se dévoüer tous au service de cette Souveraine des Anges & des Hommes.

Il l'avoit jusque alors honorée de son mieux & servi en son particulier, mais ayant crû ne pouvoir assés suffisamment satisfaire seul à ce devoir, il entreprit d'ériger à sa gloire un Ordre de Chevalerie qui fit profession de s'y trouver specialement appliquée. Il en fit l'institution le 26. Decembre 1336, laquelle eut d'abord un si favorable succés, que la plûpart des personnes de la premiere Qualité se presenta avec empressement pour y être receües. Il falloit être Gentilhomme juré pour y enérer. Les Ordonnances de cet Inſtitut portoiét, que tous les Chevaliers qui y ſeroient admis, ſeroient tenus de porter un Image d'argent, ou en broderie de la Sainte Vierge ſur le modele de celle de Sion, huit jours avant la Fête de ſon Aſſomption, & huit jours apres, & de ſe trouver en ſon Egliſe ſur cette Mõtagne en ce même jour, pour tous en compagnie, preſenter leurs honneurs à Marie, en cette ſolemnité ou le Ciel l'avoit couronnée, & pour auſſi vacquer en ce même jour, aux exercices de pieté qui leurs étoient preſcrits; à quoy pas un ne pouvoit faillir ſans encourir une obligation indiſpenſable de ſatisfaire à la taxe d'une groſſe amande ordonnée par les Stauts. Il y avoit auſſi un reglement de Priéres, & d'autres pratiques de charité, & de pieté couché dans les mêmes Ordonnances pour être acquittés à l'honneur de la Ste. Vierge, dans le cours de l'Année: & il leurs étoit tres exactement enjoint de vivre en bonne intelligence, & en une parfaite unió de cœur, les uns avec les autres, & de donner tous leurs ſoins à y ramener ceux d'entre eux qui pourroient s'en être écartés. L'original de ce bel Inſtitut, auquel ſont attachés quatorze Scaux pendants, des quatorze premiers Chevaliers, eſt gardê dans le Threſor des Chartres de Lorraine.

Les Dames de la même qualité, ayant témoigné qu'elles n'avoient pas moins d'ardeur pour l'honneur de cette sainte Vierge, furent receües dans la même association qui les engageoient à de pareils exercices; ainsi les deux sexes s'empressoient en ce temps la à l'envie à marquer à cette Auguste Reine, la passion qu'ils avoient de se procurer l'honneur de la servir, & de luy rendre leurs respects en sa Ste. Image de Sion, aussy étoit il bien juste que ce dernier ny manqua pas, étant si fort redevable à Marie, qui en a relevé excellemment la gloire.

Le Comte Ferry eut beaucoup de joye de voir si heureusemnt reüssir une entreprise que sa devotion luy avoit suggeré; & Marie en retira aussy beaucoup de gloire, voyant ainsy à ses pieds, non seulement le commun du peuple, mais encore tant de gens d'vn caractere si distingué, qui justifioient d'une maniere fort sensible que çà été autre-fois une erreur en l'esprit d'vn autheur affriquain, d'avoir crû que la pieté Chrestienne étoit incompatible avec la grandeur du Siecle; les grands sont les sujets de Marie, aussy bien que les petits, n'est il donc pas juste qu'ils fassent éclipser l'eclat de leur grandeur en presence de celle qui est revestuë de ce Soleil qui luit dans le beau jour de l'Eternité, & qui voulut bien autrefois se cacher dans son Sein virginal pour luy faire meriter nos venerations.

Tertulliē.

Mais il ne faut pas douter qu'ils ne soient

aussy revenûs de grands avantages de cette Ste. societé à ceux & à celles qui furent fideles à s'y faire enrooller. Marie n'est pas mesconnoissante, elle donne dés cette vie pour les services qu'on luy rend, ce que son Fils à autrefois promis pour recompense à ceux qui renonçant au Monde, le suivent dans la pratique d'vne pauvreté volontaire, c'est le centuple de ce qu'on à quitté. Le Prophete Royal à ce semble voulu annoncer les faveurs de cette Vierge sur de telles associations ; c'est lors qu'aprés avoir dit que c'est une chose tres aggreable à voir la liaison des Confreres, qui sont joints par les liens d'une parfaite charité, ayant tous un même cœur, un même dessein, & une même intention. Il adjoûte qu'ils auroient l'avantage de voir couler la rosée de la Montagne de Hermon qui descend sur celle de Sion, & d'y participer, *Sicut ros Hermon qui descendit in Montem Sion*. Cette môtagne de Hermont est dans la Galilée assés prés du Jourdain, & de Salim, ou S. Jean baptisoit autre-fois; elle marque la Ste. Vierge élevée comme uue montagne par la sublimité de ses incomparables merites, laquelle ayant les mains pleines d'une celeste rosée qui signifie ses graces, la faisoit tomber sur cette belle assemblée qui s'éfforçoit de l'honorer sur le Mont de Sion. *Sicut ros Hermon qui descendit in Montem Sion*.

Psal. 132.

Ce qui nous donne lieu de juger que ces illustres Associés qui s'acquitoient de ce juste devoir en ce lieu, étoient comblés des graces de Marie, qu'ils en remportoient les Thresors avec eux, qu'a la faveur de cette aggreable rosée, ils devenoient fertiles en toute sorte de bonnes œuvres, qu'on ne voyoit rien de dereglé en leurs mœurs, rien de corrompu en leur conduite, rien qui ressentit la passion, & qu'ils vivoient d'ailleurs soubs une speciale protection de Marie, laquelle veilloit avec soin sur tout ce qui les touchoit.

C'estoient la les richesses & les avantages qui leurs revenoient de leur Societé & de l'union qu'ils avoient fait pour honorer de ce concert cette Sainte Vierge, selon le dessein que le Comte Ferry en avoit formé durant sa vie, & qui dura encore longtemps apres sa mort.

Ces Seigneurs consacrés au service de Marie, portoient la qualité de Chevalier de Nôtre-Dame de Sion, ce qui n'étoit pas nouveau, puis que l'Ordre Teutonique qui fut institué par Henry Roy de Hierusalem l'an 1191. pour des Chevaliers Allemans qu'on nommoit Teutons, fut dans son commencement établi soubs le nom de S. George, & ensuitte on trouva plus à propos de le mettre soubs la protection de la Ste. Vierge;

ge ; & comme on luy donna pour principal lieu, l'hospice establi à Hierusalem sur le Mont de Sion dedié à Nôtre Dame, cela donna lieu à faire appeller ces Chevaliers de l'Ordre de Nôtre Dame de Sion.

CHAPITRE XVIII.

Comment un Voleur étant entré de nuict dans le Temple de Marie ; ayant osé dépouiller son Image, fut arrêté par une veru Divine.

DE toutes les passions que nous avons dans nous, il est certain qu,il ny en à pas une qui ait des suites plus dangereuses & plus funestes, que la cupidité. St. Paul à eû raison de la nommer la racine de tous maux, puis quelle les produit tous & qu'il n'y en a pas un de quelque qualité qu'il puisse être, ou elle n'engage un homme qui à eu la foiblesse de se laisser surprendre à ses impressions. Cette passion porte l'aveuglement dans l'esprit, elle remplit le cœur de corruption, elle infecte tous les sens, elle inspire l'oubly de Dieu, l'insensibilité à son egard, elle persuade les per-

1. Timot. c. 6. v. 10

G

fidies, les empoisonnements & les meurtres, l'irreligion & le sacrilege, le deicide même & ensuite le desespoir, ainsy qu'il y parut autrefois en la personne du traitre Judas (dont la memoire sera eternellement en horreur) qui pour satisfaire aux mouvements de son avarice, qui luy auoit fait souvent vôler les aûmones faites à Jesus-Christ dont il avoit la garde, prit resolution de faire encore argent de la vente d'un si pretieux Maître, en le livrant à ceux qu'il n'ignoroit pas, ne l'achepter de luy, que pour luy ôter la vie & celle en suite de se defaire soy mesme comme un desesperé, ainsy on peut dire de cette passion aussy à propos, que Saint Jacques la dit autrefois de la langue parlant de ses desordres, qu'elle est comme elle une vniversité d'iniquité, puis que s'établisant en l'homme, elle devient une source de toute sorte de crimes & même des plus noires, ce qui a donné lieu au St. Esprit de dire en l'Ecriture, qu'il n'êt rien de plus abominable qu'un avare, *Avaro nihil est sceletius*, voyès le sur ce que je vay dire.

Jac 3. v. 1.

Ecc 6. 10 v. 9.

La pietè des fideles les ayant porté à honorer la Sacrée Vierge en sa Ste. Jmage de Sion & les graces continuelles qu'ils en recevoient, les ayant engagés au devoir d'une juste reconnoissance envers cette bien-faictrice, ils se sentirent attirés à oser luy faire quelques oblations de leurs biens pour servir à l'ornement de son Autel & à la decoration de son culte; en sorte que cette Vierge par ces donnations, se vit en possession d'un nouveau domaine qui succeda à celuy quelle avoit eu autrefois, & que les deux Comtes de Vaudemont que j'ay nommé cy-dessus, luy avoient si injustement enlevé. Un scelerat aveuglé par la passion de sa cupidité, forma le dessein de la dépoüiller pour une seconde fois de ses petits biens & de luy ravir ce quelle avoit de plus pretieux pour s'en accommoder. Il entra plusieurs fois en son St. Temple, pour y remarquer ce qui devoit faire la matiere de son vol, & pour y mediter sur la maniere de son execution, il passa jusques dans le Santuaire soubs pretexte d'une devotion simulée, tourna autour de la Ste. Image & porta les yeux de toutes parts, sans que persóne s'en defiat, la justice seule de Dieu l'observant en son mauvais dessein avec son Oeil perçant, sans qu'il en craignit les regards, non plus que les coups qui luy étoient cependant infaillibles, comme ils le furent autre-fois à cet Heliodore, duquel il est parlé au second livre des Machabées, qui eut la même insolence d'entrer effrontement dans le Temple de Hierusalem, pour semblablement en enlever le Thresor.

Ce-malheureux fixa donc le temps de son vol & pour le faire plus seurement & n'estre pas surpris, il choisit celuy de la nuict, comme le plus favorable à l'execution de son dessein, comme si pour cacher son crime aux yeux des hommes, il ne devoit pas être vû de ceux de Dieu qui sondent les reins & qui portent le traict de leur lumiere dans le fód de nos cœurs. Ayant donc rompu & percé la muraille du temple de Marie par ce qu'il ne pût en rompre & briser les portes, il y entra comme en un lieu qu'il crut estre sans garde & duquel il estimoit qu'il pouroit sortir avec la mesme facilité qu'il y estoit entré, après qu'il l'auroit dépoüillé, il se mit d'abord en devoir de le faire, portant sa main sacrilege par-tout comme un autre Rabsaces duquel ces paroles sont dittes en l'ecriture *Ecci. c.* *Extulit manum suam in sion*, il commença 48. v. 2 par outrager la Mere, en arrachant violemmét tout ce qui servoit à orner son Image & apres avoir mis son Autel tout à nud, il estendit ses profanations jusques sur les Vases Sacrés qui servoient aux Sacrifice de son fils; ainsi sans nulle distinction, il voulut se faire riche des biens du Fils & de la Mere & comme il en eut fait sa charge pour la transporter, s'estant presenté pour sortir par la méme ouverture qui luy avoit donné entrée, il sentit une main invisible, qui le repoussa autant de fois qu'il se presenta, sans que tous les nouveaux efforts, qu'il fit durant le reste de la nuict pour franchir ce passage puissent aucunement luy servir,

La fureur le saisit en mesme temps qu'il se vit ainsi constitué prisonnier & craignant que ce Saint Temple qui servoit d'azile à tout le Monde, ne se changea pour luy en un lieu de supplice, il sauta aux fenestres pour s'en briser les barraux, il fit effort pour avoir jour ailleurs & s'êchaper, mais ce fut toûjours fort en vain, la puissance qui l'arrestoit n'étant pas de celles qui peuvét être vaincues par la force des hommes.

Le jour venu, ses alarmes redoublerent, parce qu'il mit à decouvert son crime qu'il avoit pretendu cacher soubs les ombres de la nuict; les premiers peuples qui se presenterent, pour à l'aurore naissante, saluer en sa Maison celle qui à porté le soleil qui esclaire tout le monde, trouverent l'Eglise tout en desordre, ses murailles rompües, ses Autels dêpoüillès, la Ste. Image sans nul de ses parements ordinaires, & un homme effarè, sur le Visage duquel paroissoit, l'étonnement, l'inquietude, & la crainte, courant çà & la pour s'evader; il crût le pouvoir faire sur l'ouverture des portes, avec autant de liberté que les autres en avoient eu pour entrer, mais la mesme main qui l'avoit repoussé ailleurs, le fit encor icy.

Il auroit pû juger que Marie ne vouloit pas sans doute qu'il sortit de sa Maison sans qu'il reparat ces sacrileges qu'il y avoit commis, étant preste de luy faire grace & de le reconcilier avec son Fils; mais bien loin d'entrer en de si justes sentiments, ayant de rechef sauté insolemment sur l'Autel, il vomit une infinité d'injures tres atroces contre cette Mere de misericorde disposée de sa part à luy en faire sentir les effets; & pour se vanger d'elle avec plus d'outrage sur ce quelle l'arrestoit & l'empechoit de sechaper de sa maisō, il eut l'impudence de luy porter un soufflet sur la joüe, ne pouvant luy faire pis & tacha invtillement de jetter sa Ste. Image par terre.

Vierge Sainte? jay horreur de coucher icy cet execrable attentat qui ne manquera pas d'en causer à ceux qui le liront, mais j'ay dû le raporter pour faire voir jusque ou peut aller l'impudence d'un pecheur, & pour montrer dailleur l'admirable patience que vous avés mise en vsage, à l'exemple de vôtre Fils en pareille occasion, n'usant pas du pouvoir dont vous estes revétüe pour desseicher la main plus que sacrilege de ce maudit, sur l'heure méme, comme le fut autrefois la main de celuy qui frappa le Profete à la joüe.

J'avoüe que celuy-la ne toucha que vostre Image, mais l'injure rejaillit jusque sur l'original, qu'il auroit outragé s'il eut pû estendre sa main jusque au Thrône de vôtre gloire & il vous frappa en la plus belle, la plus venerable & la plus auguste partie de vous mesme, de laquelle vôtre chaste Epoux à pris plaisir de faire l'eloge en tant d'endroits du livre des cantiques, par la comparaison de ce qu'il y à de plus rare & de plus beau dans la nature.

Le Ciel en eut de l'horreur, comment est-ce que la Terre se poura contenir, elle ne le fit pas, les Peuples qui se trouverent presents & qui virent commettre cét effroyable crime, ayant allumé tout à coup leur zele pour le venger accoururent saisir ce scelerat qu'ils auroient mis en piece, si les mieux avisés d'entre-eux, ne l'avoient araché de leurs mais pour le remettre en celle de la Justice, qui luy fit souffrir la juste punition qu'il meritoit, & qu'il endura comme un desesperé, sans que jamais on pû le porter au regret de ses fautes.

CHAPITRE XIX.

Autre Histoire d'un second Voleur, du Temple de Marie qui fut pareillement arresté par la Justice Divine.

VNE punition de la qualité que fut celle que je viens d'écrire au Chapitre precedent n'ayant pû estre ignorée de personne pour le grand éclat quelle fit dans la Province, sembloit devoir empecher, que la resolution de commettre un crime pareil à celuy qui l'avoit attiré, ne prit naissance dans le cœur de tout autre scelerat. Cependant elle ne le fit pas, l'endurcissement de quelques pecheurs estant tel, qu'il va jusques à les rendre incensibles à toutes choses.

Un jeune homme d'un Village voisin de la Montage, duquel je ne rapporteray pas icy le nom, pour epargner à ce lieu la honte qu'il auroit en le marquant à essuier de nouveau, d'avoir produit ce monstre; ayant formé un aussy damnable dessein que le premier, qui fut de satisfaire à la passion de son avarice & de sa cupidité, par l'enlevement de ce qui avoit esté offert à Marie en son St. Temple de Sion, estimant qu'il pouroit s'en enrichir impunement, y entra de nuict pour le faire; il profita du feu qui brûloit en la lampe devant la Ste. Image pour observer où il porteroit la main, ne prenant pas garde sur l'oubly qu'il avoit faict de Dieu, qu'il y a une autre lumiere au Ciel, qui penetrant par tout, l'observeroit luy mesme, estant impossible de cacher aux yeux de Dieu, ce qu'on peut cacher aux hommes.

Il prit garde que les Ornements de la Sainte Image n'estoient pas d'un grand prix, pour ne s'estre pas presenté, en intention de la depoüiller dans un temps ou elle pouvoit estre plus richement parée, il voulut en chercher de plus riches dans les coffres, ou on avoit coûtume de les refferer & les ayant rompu, il n'y trouva rien qui fut de valleur, tout le meilleur ayant efté tiré quelques jours auparavant, pour une meilleure fin; il ne vit donc rien de propre à en faire butin, par-tout ou il porta les yeux, qu'une grande quantité de cierges, que la pieté des fidels leur avoit fait pofer tout autour de l'Autel de Marie, pour y étant confommés luy marquer que leur defir feroit que leur vie le put être ainfy à fa gloire, il en fit la matiere de fon vol & pour ne pas le découvrir en les trafportant, ayant jugé qu'il feroit bien de les fondre pour les reduire en une maffe de cire, il chercha le moyen de le faire, un crime en fuggere un autre, il brifa les Fonts Baptifmaux pour en tirer pour cét vfage le baffin deftiné à l'adminiftration du Sacrement qui nous donne entrée dans le Chriftianifme & droit de la pretendre au Ciel; il l'enleva & en eftant chargé & de fa cire & de tout ce qu'il trouva de meilleur fur l'Autel de Marie, il fe mit en devoir de fortir de fon Temple, par ou il y étoit entré, il le fit fans peine, la juftice divine qui avoit à vanger fes prophanations, l'attendant ailleurs pour le faire. il fe crût en feureté, quand il fe vit hors du lieu, ou les autres trouvent la leur, il fondit tranquillement fes cires dans l'épaiffeur des Brouffailles de la Montagne, ainfy qu'il l'avoit projetté. Les peuples qui fe rendirent au matin dans le temple de Marie, pour y acquitter les devoirs ordinaires de leur pieté, l'ayant trouvé ouvert, les Fonts rompus, l'Autel depoüillé & mis tout en desordre, en sortirent au plus vite, pour voir s'ils pouroient remarquer quelque vestiges de celuy qui l'avoit volé & profané, quelque reste de fumée qui parut donna lieu à juger que ce pouvoit être l'endroit de sa retraitte, où y accouru, le criminel pour ny pas estre surpris se servāt de l'agilité de ses jambes, prit la fuite, pensant s'echapper de la Montagne : Mais, ô merveille de la vertu de Dieu ! une main invisible le repoussa violemment autant de fois, & en tous les endroits ou il se presenta pour s'évader, de sorte qu'il fut fort aisement saisi, la Justice Divine l'empecha de pouvoir se tirer du Territoire de Marie, la ou elle avoit aresté de le faire prendre, pour être remis entre les mains de celle des hommes qui devoit en punir les Sacrileges & les prophanations. Cet impie se voyant aresté, ne fit pas ce que son interest luy devoit suggerer, qui eut esté de recourir à Marie, bien qu'il l'eut offensée, la priant de vouloir le recevoir en grace, & puis qu'elle est la Mere de misericorde, en regretant ses crimes, de luy en obtenir le pardon, bien loin d'en vser ainsy, reconduit vers elle, il vomit mil injures contre la Ste. Image, luy disant selon que la tradition nous la apris ; Ha fausse rousse, c'est-toy qui m'a fait prendre? son procez' luy fut fait, par lequel il fut condamné à faire amende honorable à Marie & à subir une mort raportante à l'enormité de ses crimes, qui luy fit éprouver à ses despens, qu'on n'outrage jamais impunement cette Reine du Ciel & de la Terre & que ses Images, ses temples & tout ce qui est destiné à son culte, étant soubs une protection specialle de Dieu, on ny touchera jamais avec une main criminelle & polluë, sans qu'il en tire vengeance, On trouve encor au voisinage de Sion, de vielles personnes, qui n'ont pas tout à fait perdu les idées d'une chanson qui fut faite sur l'execution de ce scelerat, qu'ils disent avoir souvent oüy repeter autrefois à leurs predecesseurs.

CHAPITRE XX.

Victoire memorable de la Sainte Image de Sion, remportée sur l'Heresie, en la Personne du Prince d'Orange & de ses Trouppes.

S'IL y à lieu de reconnoistre la protection specialle dont Dieu & sa Ste. Mere ont bien voulu favoriser autrefois la Lorraine, ce doit estre sans doute par le soin qu'ils ont pris de la preserver de l'infection de l'heresie en des temps aussy perilleux que ceux des regnes precedents sur la fin du dernier Siecle & au commencement de celuy-cy.

La situation de ce Païs le mettoit extremement en peril de s'en voire soüillé, Il tient le milieu entre l'Allemagne & la France deux grands Etats dont les plus belles Provinces ayant receu les erreurs du temps, firent tous leurs efforts pour les maintenir, & les êtendre par tout, on vit alors ce qu'on peut s'imaginer de plus dereglé & ce qu'on ne peut rappeller sans horreur, les Princes Armés contre leurs Sujets, les Sujets contre leurs Princes, les Enfants soûlevé contre leurs Peres & leurs Meres, & ceux ey prendre parti contre leurs propres Enfants; il ny eut rien d'aſſé ſacré pour arreſter la profanation de ces malheureux temps, les Autels furent ſoüillés; les Temples brûlés, les Vierges conſacrées à Dieu violées & rien n'échapa à la fureur & à la rage des ſoldats que l'hereſie arma pour ſa protection; & pour étendre ſes conquètes.

Les Princes de la Maiſon de Lorraine, qui ont accouru en tous temps à la deffenſe de l'Egliſe & à la protection de la foy, ne manquerent pas en ces dangereuſes occaſions, à ralumer leur zele pour la bien maintenir, les Ducs de Guiſe le firent en France avec tant de ſuccés, qu'elle ne ſçauroit diſconvenir qu'elle ne ſoit redevable à leur valeur, de la conſervation de ſa Religion, il ne faut pour en eſtre cóvaincu que lire ce qu'ils ont fait ſoubs les Regnes de François ſecond, de Charles neuf, de Henry trois & de Henry quatre.

Le Grand Duc Charles & le bon Duc Henry agiſſoient en Lorraine avec la méme vigueur pour la garantir de la corruption; cette conduite leurs attira la haine de tous les chefs du party heretique, leſquels s'eſtant perſuadés que leurs enlevant leurs eſtats, ils ne trouveroient plus d'Ennemis capables de leurs faire teſte; n'oublierent rien pour en venir a bout: Mais le Ciel fit toûjours accompagner les armes de ces Princes Catholiques de tant de bonheur, qu'il ne fut pas possible à leurs ennemis d'executer leurs pernicieux desseins; Le Prince de Condé, qui c'estoit jetté dans le party, plus par jalousie contre les Ducs de Guise, que par aversion qu'il eut contre l'Eglise Romaine, avoit menagé des intelligences en quelques Villes de Lorraine, pour que les portes luy en fussent ouvertes, mais la trahison ayant esté connüe, l'execution des traitres fut faite par la roüe & le gibet, auparavant que ce Prince se presenta. Le Duc de Boüillon grand fauteur de l'heresie se jetta souvent dans le Païs à dessein d'y enlever quelque Place, celle de Stenay tomba entre ses mains, mais le Grand Duc Charles l'en eût bien-tôt deniché, & en une autre occasion, quoy qu'il fut à la teste d'une Armée fort nombreuse de Rheistres, il le contraignit à vuider & ce fut pour essuyer la honte de voir tailler son Armée en pieces par le Duc de Guise, qui l'ayant attiré en France, le défit entierement en un lieu nommé Auneau pres de Chartres.

En ces conjonctures si facheuses, il ne se pouvoit pas que les peuples ne vissent perir leurs biens, par l'incendie & le saccagement de ces Troupes ennemies, que la fureur rendoit impitoiables, mais ils se conserverent en une entiere possessiō des plus notables & des plus importants qui furent la foy & la Religion, l'heresie avec tous ses efforts, n'ayant pû leurs ravir, ou les en dépoüiller, elle fut même honteusement vaincuë par celle qui avoit protegé la Province & ce fut en la Sainte Image de N. Dame de Sion, en la personne du Prince d'Orange accompagné de ses Trouppes, d'une maniere si pompeuse, que j'aurois crû trahir la gloire de cette St. Image si j'avois manqué de la raporter.

Ce Prince Heretique fut le dernier qui entra en Lorraine soubs le bon Duc Henry & il se trouva si precipitement dans la Comté de Vaudemont, que les Peuples voisins de la montagne, n'eurent pas le loisir de si transporter, pour en cacher l'Image en terre, ainsy qu'ils avoient coûtume de faire en pareils rencontres, ou peut être Dieu ne permit pas que la pensée leurs en vint à lors, pour donner occasion à Marie de vaincre, & de triompher de l'heresie, tous ceux qui en conoissent les excellences & les prerogatives, n'ignorent pas qu'ayant écrasé la teste du Serpent corrupteur de la nature humaine, & donné comme elle à fait la verité au Monde, c'est à elle à y étouffer toutes les Heresies qui y naissent; cêt ce que l'Eglise chante aussy à sa gloire avec ces belles paroles, *Cunctas hareses sola interemisti in universo mundo* & il est dit d'elle en l'Ecriture pour marquer la force dont elle est revestüe pour le faire, qu'elle est terrible *Cât. c. 6. v. 3.*

comme un Armée rangée en bataille & qu'on ne voit rien en cette fameuse sunamite que des chœurs de soldats qui sont les vertus victorieuses & triomphantes, qui se trouvent en elle. Nous allons voir l'vsage qu'elle en sçait faire dans les occasions.

Le Prince d'Orange s'estant informé, de ce qui se trouvoit au haut de la Montagne de Sion, au pied de la quelle il se rencontroit, apprit que c'estoit un lieu Saint que les Catholiques du Païs avoient en grande veneration à cause d'une Image de Marie Mere de Dieu qui s'y rendoit celebre par les Miracles qu'elle y operoit tous les jours ; Il s'abandonna sur l'heure méme aux faux zele de sa Religion, ou plûtôt à la fureur de son impieté & crût qu'il falloit qu'il détruisît ce lieu de superstition, qu'il renversât ce Temple de Marie, qu'il en brisât l'Image & qu'il convertit tous les Monuments de la pieté Chrétienne qu'il devoit trouver au haut de cette Montagne, en un monceau de Pierres, pour eneruer ainsy la puissance de cete Vierge, pour en faire cesser le culte & y rendre les faveurs de ses intercessions inutiles à ceux qui venant l'y Adorer, entretenoient sur terre l'idolatrie, que son Fils y étoit venu abolir; ce sont la les sentiments que l'Heresie inspire à ceux qui en suivent les erreurs, ne pouvant ataquer la Sainte Vierge en sa personne, elle s'en prend à ses Images &

croit

croit que c'est le moyen le plus seur pour en arracher la devotion du cœur des fidels, que de les enlever à leurs yeux en les exterminant.

Ce Prince heretique se trouvant en cette disposition, va sur la montagne pour y executer ses desseins, croyant par la rendre un service notable à sa Religion; il se fait suivre de quelques troupes, qui se promettoient la dépouille d'un Temple qu'elles croyoient devoir reduire en cendres, mais celle qui doit les vaincre, n'en est pas alarmée, elle prétend rendre la Victoire qu'elle veut emporter sur leurs forces d'autant plus admirable, qu'elle se servira pour le faire d'un tres foible instrument, & de ce qu'il y à de plus infirme en nôtre sainte Religion, pour verifier la parole de St. Paul, qui à dit que les *1. Corinti.* choses foibles choisies de Dieu sont plus for- *c.1. v. 27.* tes que tous les hommes; ce sera de l'Image même qu'ils prétendent attaquer. Ainsi peuples Chrêtiens qui environnés cette montagne, ne vous effrayés pas y voyant accourir ces impies, vous tremblés sur la crainte de ne plus trouver que des cendres, & des restes de tisons fumants en ce saint lieu apres qu'ils s'en seront retirés, & de voir en morceaux & en poudre cette Ste. Image de Marie qui étoit vôtre refuge, vôtre azile, & le remede general à tous vos maux, & que

H

vous vous figurés devoir être foulée soubs les pieds des Chevaux, & de ces profananateurs ; préparés vous pluſtôt à chanter ſes loüanges, & à couronner ſon Chef de Lauriers pour le triomphe qu'elle va faire de ſes cruels ennemis, fourés vous parmi eux, vous en ſerés même les têmoins.

Le Prince entra, & ſes Soldats peſle meſle dans le Temple de Marie, comme en un lieu profane, elle deſcendit elle ſeule dans le champ de bataille, ſe tenant aſſés forte pour ſoûtenir ſa querelle, & deffendre ſa cauſe. Le General s'étant preſenté devant elle, la regarda longtemps avec application des yeux du corps & de l'eſprit, & il connût bien-tôt qu'il n'eſt pas de nos Images comme des Idoles qui ne ſçauroient ſe deffendre, on prit garde à ſon attention, que ſes paſſions ſe changeoint, que ſon Viſage marquoit toute autre choſe, que ce qu'on y avoit obſervé en entrant en ce St. lieu, on attendoit avec impatience à voir ce qu'il ordonneroit, ce fut de mettre les armes bas, & de ceder à l'incomparable beauté & aux charmants attraits qu'il vit ſur la face de l'Image de Marie, aſſurant qu'il ne s'en pouvoit voir ſur terre de plus belle, & de plus raviſſante, & qu'il ſe tenoit pour vaincu, luy étant impoſſible de ſe ſoûtenir contre cette imperieuſe beauté, laquelle en l'éblouïſſant par l'éclat de ſes rayons, l'obligeoit d'avoüer que les Images sont dignes de respect, & en même temps, il deffendit qu'on ne fit aucun outrage à celle cy, non plus que dans son Temple, & commanda que les Trouppes qui l'avoit suivi, reprissent les mêmes chemins par ou elles étoient venuës pour se rendre en leurs quartiers.

Certes cette Image en l'état ou elle se trouve, n'est pas d'une beauté si achevée, qu'elle ait pû produire ce merveilleux changement en l'ame d'un Heretique, d'un homme de Guerre, & de Qualité, qui avoit à ménager sa reputation, & à ne pas s'exposer à être accusé de quelque foiblesse, il falut que Marie, que le S. Esprit proclame en l'Ecriture pour la plus belle des Femmes, fit miraculeusement couler en cette occasion quelques rayons des beautés de sa Face sur celle de cette Image pour la rendre ainsi victorieuse en une occasion si extraordinaire. *Cant. c. 5 9. v. 17.*

Telles furent les armes dont cette Vierge voulut se servir pour désarmer ce Prince, elle auroit pû en repousser l'injure par un autre violence, elle pouvoit l'aveugler pour l'empêcher de voir ou il voudroit fraper, ou suspendre l'action de son bras, s'il s'avançoit pour commencer l'outrage qu'il avoit medité, mais elle voulut qu'en voyant son air & sa beauté, il demeura vaincu d'une maniere plus douce, c'étoit à luy à achever le miracle, pour le rendre utile à ses propres interests, & quittant ses erreurs qui devoient dés lors luy devenir suspectes par ce beau jour qui venoit de le desabuser sur le culte des Images, d'une maniere si sensible, & en reconnoissant le pouvoir de Marie pour operer des miracles à sa discretion, & l'air de Majesté qui doit l'accompagner en l'état de la gloire, par le peu qui en avoit paru à ses yeux, se rendre un de ses adorateurs, ce qu'il pouvoit sans craindre de devenir Idolâtre.

Quand autrefois S. Denis l'Areopagite fut conduit en la presence de cette Vierge, étant encore sur terre, il fut tellement ébloüi de l'eclat d'une Majesté Divine qu'il découvrit sur son Visage, qu'il fut porté par terre, & étant revenu à soy, il luy rendit de tres profonds respects, & protesta que s'il n'avoit été retenu par les enseignements de son Maître S. Paul, il l'auroit adorée comme une Divinité. Ce Prince n'ignorant pas sur les principes de sa Religion méme, que Marie n'est pas telle, devoit au moins se prosterner devant elle, la reconnoistre pour ce qu'elle est, & luy rendre ses honneurs, mais le Ciel ne le jugea pas digne d'être conduit jusques là, ainsi il n'y eut que Marie qui gagna en cette occasion, elle fut Victorieuse en la personne de ce Prince de l'Heresie, qui luy avoit appris qu'il falloit rompre & briser les Images, ce qu'il ne fit pas en cette rencontre, en ayant été empêché par le Ciel, qui les protege contre leurs ennemis.

CHAPITRE XXI.
La devotion des Princes de la Maison de Lorraine envers la Sainte Image de Nôtre Dame de Sion.

LA devotion des Princes & des Princesses de la Maison de Lorraine envers la Ste. Vierge, n'est pas une chose nouvelle, ny étonnante, elle a commencé de si bonne heure, qu'on peut dire qu'elle est presque aussi ancienne que cette maison dans le monde, & que s'y étant rendu hereditaire, on la voit d'ordinaire briller avec éclat en tous ceux qui y naissent; si le détail n'en devoit pas être importun par trop de longueur, il seroit facile de le prouver, puis qu'en effet, la plus part des Princes de cette illustre Famille, se sont signalés par cet endroit.

Voulés vous voir briller cette devotion en quelques particuliers; portés les yeux sur le pieux & Vaillant Godefroy de Boüillon. Ce grand Prince y étoit si sensible, que son cœur s'attendrissoit au seul Nom de Marie, & il suffisoit d'en interposer le St. Amour, pour obtenir de luy tout ce qu'on en pouvoit en desirer, il n'étoit jamais sans en avoir une Ste. Image sur soy, pour avoir lieu de la voir à discretion, pour luy ouvrir son cœur avec plus de liberté, & l'honorer avec plus de facilité. Il se jetta avec ardeur en la Croisade qui fut faite de son temps, sur ce qu'il vit qu'elle pouvoit chasser les infideles des Sts. Lieux que Jesus & Marie avoient autrefois consacrés par leur sejour; campant au milieu de l'armée de cette Croisade dont le commandement luy fut deferé pour sa valeur, outre qu'il avoit soin qu'on plaça l'Image de cette Vierge au lieu le plus honorable de sa Tente, il ordonnoit qu'elle fut aussi élevée en son quartier, en un lieu éminent; d'où elle pû être veuë & honnorée par les Trouppes. Il n'alloit point au combat sans l'avoir invoquée, & sans avoir rengagé les Soldats à faire aussi le même. Faut il s'étoner étant soubs cette protection, de l'intrepidité avec laquelle luy & ses Troupes se mêloient parmi les Ennemis, & des fameuses Victoires qu'ils en remportoiët en toutes occasions; il monta le premier sur la muraille de Hierusalem, & enfonça avec tant de courage ceux qui accoururent pour le repousser qu'il s'en rendit le maître au même jour, & en la même heure que Jesus-

Christ y mourut pour le salut du Monde. Et pour luy donner temps à achever sa Victoire, Dieu, par l'intercession de sa Mere renouvella en sa faveur le miracle qu'il avoit fait autrefois sur la parole de Josüé, qui fut de retarder le Soleil en sa course.

Euch. hist 21. geneb. lib. 4

Cornel. in Eccl. c 45.

Le Duc Mathieu premier du nom, & surnommé à bon droit le pieux, signala de même sa pieté envers la sainte Vierge. Ce Prince l'aimoit parfaitement, & la servoit avec un zele imcomparable. Il fit le voyage d'outre Mer par le même motif qui y avoit engagé son grand Ayeul Godefroy de Boüillon, & en étant revenu, il fonda l'Abbaye de Clairlieu proche Nancy, ou il mit des Religieux de Citeaux fort en veneration pour lors par la sainteté & les miracles de St. Bernard qui vivoit de son temps: & il voulut que cette maison fut consacrée soubs le Nom de Marie. Il avoit coûtume de s'y rendre frequemment pour être mieux en état de l'honorer, & comme il luy avoit longtemps demandé de pouvoir mourir le même jour que son Fils étoit môté au Ciel; s'étant trouvé en cette Maison un jour de son Ascension, apres y avoir fait ses devotions avec une ferveur extraordinaire, il dit à l'Abbé de luy amener ses Religieux en sa Chambre à la sortie des Vespres, pour avoir la consolation de mourir entre leurs bras, esperant de le faire ce jour la, sur la grace qu'il en avoit demandé à la Ste. Vierge : On tâcha de le divertir de cette pensée, qu'on crût que sa pieté luy avoit inspirée, d'autant plus qu'on le voyoit se porter bien, & qu'il ne se plaignoit d'aucun mal; la chose arriva neantmoins comme il avoit desirée, la mort selon son souhait, fit en ce jour passage à sa belle Ame, pour aller voir dans le Ciel celle qu'il avoit si fidellement servi & honoré sur terre.

Le Duc René Roy de Sicile se rendit aussi de son temps remarquable par une même pieté, il avoit un respect tres profond pour toutes les Images de la Sainte Vierge, & un zele tres ardent pour sa gloire. Il en donna des marques en une occasion. Un Juif en la Vil. d'Aix en Provence, qui appartenoit à ce Prince, fut convaincu d'avoir proferé des blasphemes execrables contre l'honneur de cette Vierge, ce qui le fit condamner à un supplice digne de son impieté, qui fut d'être écorché vif, par la main du Boureau. Ce Prince ne pû jamais être fléchi à luy donner grace, il voulut absolument qu'il fut executé, nonobstant toutes les sollicitations qu'on pû faire, jusque à luy offrir des sommes considerables qu'il rejetta avec mépris, protestant que l'honneur de cette Vierge luy étoit incomparablement plus cher que tous les thresors de la terre. Il arriva en cette occasion une chose assés particuliere, que je crois devoir marquer icy. Quelques Seigneurs de sa Cour sensiblement touchés de l'injure faite à Marie, & animés du même zele que le Prince, sauterent masqués sur l'Echaffau aussi tôt qu'ils y virent le Criminel, & en ayāt fait descendre le Boureau, ils firent eux mêmes l'execution de cet abominable monstre qui mourut en son obstination.

Voulés vous voir une pareille ferveur à honorer Marie, dans quelques Princesses de ce cette même Maison de Lorraine? vous la trouverés dans Loüise de Lorraine Reine de France, qui avoit épousé Henry trois. Cette Princesse ayant été élevée dans le Château de Vaudemont, avoit par son assiduité à visiter au Voisinage le Temple de Sion, appris de bonne heure à honorer les Images de la Ste. Vierge, Elle fut fidelle à en continuer l'exercice toute sa vie; Elle alla même de Paris à pied jusques à Chartres pour en acquitter le devoir envers celle qui est en veneration depuis tant de siecles en l'Eglise Cathedralle de cette Ville; & laissa sur son Autel pour servir aux Sacrifices des ouvrages de ses mains, qui étoient d'une beauté achevée. Elle auroit bien desiré de faire aussi le voyage de Lorette, pour en ce St. Lieu consacrer son Cœur à Marie, & ne l'ayant pû faire, Elle y en envoya un d'Or massif, éclairé d'une Emeraude

Hippo. Maria Heroidū Mariæ. cap. 11. §. 8.

& Couronne de six rubis & de sept gros Diamans.

Eiusdem c. 3. §. 19

Vous remarquerés cette même ferveur en Christine de Lorraine, Femme de Ferdinand Grand Duc de Toscane, laquelle apres avoir enrichit l'Image & l'Autel de l'Annonciade en la Ville de Florence (aux pieds duquel, on la trouvoit plus ordinairement) de quantité de Piereries, de tres riches Ornements, de Lampes, & de Chandeliers d'Argent, & d'autres Vaisseaux de grand prix. Ayant formé le dessein d'aller à Lorette, on la vit se mettre aux champs pour ce Voyage, dépoüillée de la pompe ordinaire aux Princesses de son rang, mais vêtuë de couleur grise, pour en cette modestie se rendre plus aggreable aux yeux de celle qu'elle alloit visiter. Aussi-tôt qu'elle aperceut les hauteurs du Temple de Marie, Elle se jetta hors de sa Litiere, & la saluä de loin, les deux genoux en terre, & continua le Voyage à pied avec les Evêques & autres personnes de qualité qui luy faisoient compagnie. Parvenüë au Vestibule de cette Ste. Maison, on ne pût l'obliger d'y entrer, qu'apres qu'elle se fut confessée, disant qu'il seroit messeant de se presenter devant les yeux tres-purs de cette Vierge, sans s'être precedemment nettoyée de ses taches, par l'usage d'un Sacrement, qui est destiné pour cet effet. Cette action faite; Elle fut durant plusieurs heures prosternée contre terre dans le Santuaire de Marie, ce qu'elle recommença durant trois-jours qu'elle sejourna à Lorette, si assidûment, qu'on eut dict, qu'elle n'avoit pas d'autre demeure qu'en ce temple. Les presents qu'elle y fit, furent d'un prix inestimable, tant pour la valeur, que pour la dexterité de l'Ouvrage; c'étoient des ornemēts qui representoient en Broderie Richement Travaillés les Effigies des Profétes, des Sibilles, des Apostres, & des Evangelistes.

Vous trouverés le méme zele dans le cœur d'Elizabeth de Lorraine Mariée à Maximilien Duc de Baviere; on honore en cette Province, vne Image de la Ste. Vierge en la Ville d'Otting, tres celebre par les Miracles qu'elle y à fait depuis long temps. Cette Princesse n'eut point de repos, qu'elle n'en eut fait le voyage; y étant arrivée, il n'est pas croyable combien elle marqua de respect à cette Ste. Image, & les soins qu'elle prit de l'Enrichir de tout ce qu'elle jugea necessaire à sa decoration, elle laissa méme vne somme de six mil écus d'Or, pour servir de fond à l'entretien d'un Prestre pour y celebrer journellement la Messe à perpetuité; & ayant appris dans la suitte que Gustave Adolph Roy de Suede entroit dans la Boheme pour en ravager les Provinces, craignant qu'il ne se jetta dans la Baviere, Elle accourut en hâte à Otting pour sauver cette

Einsaemi c. 5. ss. 11.

Image de la fureur de ses Trouppes ennemies, qu'elle garda en son Cabinet comme un pretieux thresor, & qu'elle reconduisit en suitte avec beaucoup d'honneur, (ces troubles étant passés) au lieu de son domicile, ne se lassant point de l'y aller visiter, quelque éloignée qu'elle fut, en quoy elle se môtra fidelle imitattice de Renée de Lorraine autre Duchesse de Baviere qui avoit épousé le Duc Guillaume, laquelle avoit avant elle donné des demonstrations de pareils sentimés de devotion envers cette même Image d'Otting.

Eiusdem c. 25. §. 4.

Beaucoup d'autres Princes, & Princesses de cette illustre Maison de Lorraine, ont semblablement marqué leur pieté envers cette même Vierge, & si je voulois cotter les Registres des Fondations, des Donations, des Erections d'Eglises & de Monasteres qu'ils ont fait élever à sa gloire, je ne finirois pas, non plus qu'en parcourant les Sts. lieux ou ces Images miraculeuses sont en veneration, qu'ils ont visité en Personnes, & enrichies de leurs dons en Italie, en France, en Allemagne, de même qu'au Païs bas, ou l'on voit encore aujourd'huy d'insignes Monuments de leur pieté, & particulierement à Nôtre-Dame de Montaigu, entre Bruxelles & Louvain, ou le Duc François à fait une Fondation considerable, & à laissé à ses Heritiers le droit de nommer un Chapelain pour en acquitter les charges.

Mais s'ils ont pris soin d'honorer ainsi les Images miraculeuses de cette Vierge dans les Païs étrangers, ne croyons pas qu'ils se soient oubliés de le faire en leur propre Païs, ils ont eu à cet égard une grande exactitude, dont les Exemples ont servi à porter leurs Sujets à une même pratique. Parmi ces Stes. Images, celle de Sion étoit trop fameuse pour ne pas s'attirer plus particulierement leurs respects, tous ont été soigneux de les luy rendre avec fidelité, & sans remonter aux siecles passés voyés ce qui c'est fait sur ce sujet dans le nôtre.

Le bon Duc Henry tres devot à cette Vierge & qui tous les Samedis jeûnoit à son honneur, sans rien manger en ces jours de ce qui avoit eu vie, passoit souvent sur la Môtagne de Sion, pour témoigner à cette Vierge combien il l'honoroit, & rarement le faisoit-il sans qu'il luy fit quelques presents, de la qualité de ceux qui se trouvoient utils à l'embellissement de son culte. Sa passion etoit que chacun prit goût en sa devotion pour satisfaire au zele qu'elle luy inspiroit. Il y fit une Fondation en 1621. en faveur des Reverends Peres Minimes de Vezelise, qu'il engagea à y venir dire & celebrer la Messe, aux 4. Fêtes principales de N. Dame, sçavoir en celle de sa Purification, de son Annonciation, de son Assomption & de sa Nativité, & pour aussy y Confesser, & assister les Pelerins qui se trouveroient en l'Eglise de Sion en ces jours, les chargeant de s'y trouver deux Prestres, dés les premieres Vespres de ces Festes, & d'y rester jusque aux secondes. leurs ayant assigné vne rente annuelle de quatre vingt Frans pour retribution, à prendre sur la recepte de la Comté de Vaudemont.

Estant devenu Veve de Catherine de Bourbon Sœur vnique de Henry quatre, qu'il ne pût avoir pour compagne en ses Devotions envers Marie, à cause de la Religion pretendüe reformée dont elle faisoit Profession, bien que dailleurs il vécut avec elle dans une si parfaite union, qu'on eût dict, qu'ils n'étoient qu'vne méme chose, c'ét à dire, vne méme Ame, & vn méme cœur en deux differents Corps. Il épousa en secondes Nopces Marguerite de Gonzague, & ayant trouvé en cette Princesse vn grand fond de pieté, il ne manqua pas à profiter de cette belle disposition, pour en attiter les mouvements envers la Ste Vierge de Sion; ce fut assé de luy dire qu'elle étoit le Thresor du Païs, de luy raconter quelques merveilles de celles qu'elle avoit faictes, & de luy en marquer le lieu & la situation pour l'engager à la visiter tres souvent, à prendre vn soin trés particulier pour qu'elle fut bien servie & Ornée; on voit encor dans la Sacristie de cette Vierge des Ornements donnés autrefois par cette Princesse qui sont des marques de sa pieté envers elle. Ce fut la méme qui fit aussy élever cette belle Croix qui se trouve au milieu du chemin qui conduit de Sion à Vaudemont sur le haut de la Montaigne, ou l'on voit les Armes de sa Maison, joinctes à celle de Lorraine.

Le Duc Henry auoit aussy deux Freres qui ne furent pas moins devots envers cette Ste. Jmage, que l'étoit leur ainé le premier étoit Charles, Cardinal de Lorraine Evesque de Strasbourg, & Legat du St. Siege. Ce pauvre Prince passa une partie de sa vie en vne desolation extreme par malheur étrange; ce fut à l'occasion d'vn Malefice qui luy fut donné par vn Sorcier, qui fut Brûlé vif à Nancy, lequel luy causoit des douleurs si violentes, que les Genes, & les Tourtures, n'ont rien de plus cruel, & il luy sembloit que des coups de Couteaux bien aiguisés, luy eussent été plus suportables, que les maux qu'il souffroit en l'Estomach ou étoit le sort. En cette affliction, il eût recours à la consolatrice des affligés, il vint souvent aux pieds de la Ste. Jmage de Sion, ou il se faisoit apporter par quatre hommes, elle ne manqua jamais à le consoler en ses peines, il est vray qu'elle ne luy ôta pas son Malefice, elle voulut que cela se fit par les voyes ordinaires de l'exorcisme & des Prieres, afin que l'on vit en cette occasion, l'admirable pouvoir que son Fils à donné aux Ministres de son Eglise, de chasser les Demons d'en rompre les charmes, & les Sorcelleries. Le Marquis de Lulins allant Ambassadeur vers le Roy d'Angletere pour le Duc de Savoye passa à Nancy pour y visiter le Duc de Lorraine par commandement de son maistre, il vit le Cardinal, auquel il dict que D. Amedée Frere naturel du Duc avoit eü par sort & Malefice la méme maladie, & qu'vn Religieux de l'Ordre de St. Ambroise, à Milan l'avoit parfaitement gueri, en levant le sort, on envoya le chercher, il vint, & guerit aussy le Cardinal, & la Duchesse de Baviere qui avoit le méme mal. Mais ce Prelat affligé, bien qu'il n'eut pas trouvé la guerison aupres de la Ste. Image de Sion avoüoit en se retirant qu'il sentoit au fond du cœur des consolations toutes celestes que Marie y faisoit amoureusement couler, qui adoucissoient beaucoup les maux qu'il enduroit, & les luy faisoit accepter avec plus de sousmission aux ordres de la providence, & souffrir auec plus de patience.

L'autre Frere du Duc Henry fut François de Vaudemont qui en à été le dernier Comte. Lequel fut semblablement tres devot à cette méme Ste. Jmage, qu'il avoit l'avantage

ge de posseder au milieu de son Comté, aussy ressentit-il les effets de sa protection en toutes occasions ou il en eut besoin, mais specialement en celle que je vay raconter au Chapitre suivant.

CHAPITRE XXII.

Vœu faict à la Sainte Vierge de Sion par François Comte de Vaudemont, sur lequl il fut heureusement exaucé.

LA qualité du Vœu que François Frere du Duc Henry & dernier Comte de Vaudemont fit autrefois aux pieds de la Ste. Jmage de Sion, duquel je dois écrire en ce chapitre, ne sembleroit pas favoriser beaucoup la pieté de ce Prince, ny la rendre fort recommandable, s'il faloit qu'en le faisant il ne se fut proposé autre chose, que le seul interest qui en fit la condition, en sorte qu'il n'auroit point eû de recours à cette Vierge, s'il avoit estimé quelle n'ouvriroit pas ses mains à la grace qu'il luy demandoit en méme temps qu'il ouvriroit la bouche pour luy presenter son Vœu.

I

La plus-part de ceux qui reclament le secours de Marie en leurs besoins, ne sont ainsi portés à le faire que par la seule necessité qu'ils en ont, en quoy on peut dire, qu'ils sont en cela fort semblables à Jacob qui s'engageoit à reconnoistre Dieu soubs cette condition, disant au raport de l'Ecriture, que pourveu qu'il luy donna du pain à manger, un vestement pour se couvrir & qu'il le ramena heureusement en la Maison de son Pere, il seroit son Dieu le reste de ses jours ; Ceux-cy en usent de même envers la Sainte Vierge, ils disent pourveu qu'elle leurs accorde ce qu'ils luy demandent, ils seront semblablement fidels à l'honnorer, ce qu'ils ne feroient peut-être pas sans cette condition.

Le Prince dont je parle icy en usoit mieux envers Marie, il étoit atiré à l'honorer par un meilleur motif, son interest n'en étoit pas la seule cause, le merite de Marie y avoit beaucoup de part, & la confiance qu'il avoit en sa bonté, l'obligeoit à luy proposer ses besoins & à luy presenter ses vœux avec cette preparation de cœur, d'être toûjours à elle quand bien même elle n'auroit pas jugé à propos de luy accorder ce qu'il luy demandoit. Voicy quelle fut la nature de son Vœu.

Le Duc Henry n'avoit eu de sa seconde Femme Marguerite de Gonzague que deux Filles, la Princesse Nicole qui fut l'ainée & Claude la cadette; la premiere fut fort recherchée par les Princes étrangers en veüe de sa Succession. Le Comte de Lude fut envoyé par Loüis treize pour la demander, pour Gaston de Bourbon Duc d'Orleans, Frere unique du Roy. l'Archevêque de Bruges fit aussy un voyage à Nancy, par ordre du Roy d'Espagne pour en faire la recherche pour Dom Carle son Frere; le Duc Henry fit response à l'un & à l'autre qu'il n'etoit pas si ingrat envers sa Maison, que de vouloir en emporter avec soy les Armes au Tombeau; jugeant bien que ces grandes couronnes joignant celle de Lorraine avec elles, en étoufferoient la gloire & en feroient perir la Souveraineté dans le Monde; mais comme on craignit que l'éclat de ces grandes alliances ne charmat dans la suite l'esprit de ce Prince en faveur des Princesses ces Filles, qu'il aimoit, & quelles mêmes en s'y laisant gagner, ne l'engageassent à y donner les mains, ou peut être qu'il ne donna l'ainée en mariage au Prince de Phalsebourg, Fils naturel du Cardinal de Guise, qu'il aimoit aussy avec passion, à quoy on avoit pris garde qu'il avoit pensé en une occasion, on luy persuada de faire une assemblée des Etats en la Ville de Nancy, afin qu'en y reglant le Mariage de ses Filles, on previent toutes les recherches des Païs Etrangers; il le fit & par le resultat des Etats, il fut trouvé à propos que la Princesse Nicole Espousât le

Prince Charles de Lorraine, Fils aîné de Monsieur de Vaudemont, pour par ensemble receuëillir apres le decez du Duc Henry, les Duchés de Lorraine, & de Bar & les gouverner soubs une authorité commune, ce qui fut executé les Hõmages des Vassaux leurs furẽt portés conjoinctement, les Effigies de l'un & de l'autre furent empreintes sur les Monnoyes, & les sceaux, dont toutes les Patentes étoient scelèes, les Ordonãnces publiées sous leurs nõs, ainsy que le Duc Henry l'avoit voulu & ordonné en faveur de sa Fille, laquelle fut par son Contract de Mariage instituée Heritiere universelle desdits Duchés, au prejudice de l'Ordre d'y succeder.

Le Comte de Vaudemont qui vit cette disposition prejudicier à son interêt, pretendant devoir être uniquement l'heritier de l'Estat, conformêment à la loy du Païs qui exclut les Femmes de la Succession de la Couronne, pour ny admettre que les seuls mâles, dissimula avec adresse, pour ne pas donner lieu aux troubles qui auroient pû survenir, s'il eut fait quelque opposition, & se reservant à faire valoir dans le temps son droit & ses pretentions, il ny manqu'a pas apres le decez du Duc Henry arrivé le 30. Juillet en 1624. & comme il luy falloit de quoy pour les justifier & les soûtenir, il se mit en soin de rechercher avec exactitude ce qui pouvoit y servir, la meilleure piece estoit le Testament du Duc René faict au Château de Loupy en Barrois le 25. du mois de May de l'an 1506. par lequel les Estats de Lorraine avoient esté substitués de mâle en mâle qui descenderoiēt par legitime Mariage dud. René à l'exclusion des Femmes. Il se trouva fort empesché à en recouvrer l'original, il en fit de tres soigneuses recherches, mais inutilement & ce fut en cette conjoncture, qu'ayant absolument besoin de ce tiltre, il eut recours à la Ste. Vierge de Sion, pour par son moyen, estre aidé à le trouver ; Il vient donc se jeter aux pieds de sa Sainte Image, il luy marqua la pureté de ses intentions, & comme ce n'estoit point l'ambition qui le portoit au dessein qu'il avoit formé, mais le seul desir de conserver son droit & l'ancien vsage de sa Maison sur la Succession de la Couronne, que pour cela il la conjuroit avec la confiance qui l'avoit toujours porté à la venir reclamer en ses necessités, de pouvoir trouver ce qu'il cherchoit avec empressement, & fit vœu de faire en ce lieu un establissement de Religieux pour estre à son service, si elle vouloit bien le gratifier de ce qu'il luy demandoit. Ce Prince ne se fut pas si-tôt imposé cest engagement, qu'il fut exaucé de Marie. Ce qu'il avoit recherché si long-temps & avec tant de soin, fut trouvé incontinant apres son vœu & cette importante piece estant ainsy Miraculeusement tombée entre ses mains, il la fit voire à ce qui se trouva pour lors de Noblesse à Nancy, se declara Duc de Lorraine de son chef & en cette qualité se fit conduire en ceremonie en l'Eglise de St. George & étant retourné au Palais, il dina sous le daiz & pour faire voire que ce n'étoit pas en effet l'ambition qui l'avoit porté à ce faire, mais le seul desir qu'il avoit de conserver le droit qui appartenoit aux males, de succeder aux Estats de Lorraine & du Barrois, il fit transport de son droit à Charles son ainé, luy cedant lesdits Estats avec toutes les appartenances & dependances, noms, raisons, & actions qui luy competoient esdits Duchés pour jceux posseder & être possedés dorsenavant par ses descendants mâles, procrées en loyal Mariage, comme vrais & legitimes proprietaires & possesseurs d'iceux & y executer tous droits de Souveraineté & tous autres acts, tant de proprieté, que de possession, appartenants à la qualité de Souverain desdits Duchés; tels furent les termes de la demission qui fut faicte & passée par devant le Tabellion General au Duché de Lorraine soubscript J. Vignolles, un Mercredy à huit heures du matin, le 26. de Novembre 1625. presents Hauts & puissants Seigneurs Charles Emmanuel Comte de Tantonville, Gaspart de Ligneville Comte de Tumius, M. Pierre de Stainville Doyen de la Primatialle, Blaise Prudhomme Escuyer, &

On voit au tablau du maître Autel la Sainte Vierge,

Nobles Seigneurs, Claude Janin, & Gerard Rouſſelot teſmoins. Et cette Demiſſion ayant eſté acceptée par Charles, il ſe declara deſlors Duc de ſon chef, fit ſon entrée publique en la Ville de Nancy & ne voulut plus qu'il fut parlé de Madame la Ducheſſe Nicole dans aucun acte publique, non plus que dans les repriſes des Vaſſaux & que ſon Effigie fut miſe dans les Monnoyes. *qui reçoit la Couronne des mains du duc françois qui la remet en celles du Duc Charles ſon fils.*

Et de crainte que l'introduction qu'il faiſoit de ſa Perſonne ezdits Duchés n'apporta quelque alteration au Païs, il leva deux mil hommes de pied en deux Regiments, dont l'un fut commandé par Monſieur de Couvonges, & l'autre par Monſieur de Tantonville, & cinq cens Chevaux, dont le commandement fut remis au Chevalier de Lorraine.

Apres de ſi heureux ſuccez, le Comte de Vaudemont, qui des lors ne porta plus cette qualité de Comte, mais celle de Duc François, à raiſon de la Poſſeſſion qu'il avoit priſe du Duché de Lorraine, ne penſa plus qu'a donner des marques de ſa fidelité, en l'execution de ſes promeſſes envers la Sacrée Vierge, qui avoit ſi favorablement ſecondé ſes deſſeins. Voyons la à cet egard, & celle auſſy du Duc Charles ſon Fils qu'il aſſocia avec luy en cette œuvre.

CHAPITRE XXIII.

L'execution du Vœu de Monsieur le Duc François, en l'establissement des Religieux du troisime Ordre de St. François sur le Mont de Sion.

Eclef. c.
5. v. 4.
IL n'est rien de plus sure que ce que le St. Esprit nous dit en l'Ecriture, qu'il est meilleur & plus avantageux de ne pas faire de vœux que de manquer à les executer depuis qu'on les à faits : Il faut beaucoup de prudence avant que de s'engager, pour ne le pas faire mal à propos ; mais il ne faut pas aussy moins de fidelité à satisfaire aux engagements que l'on s'êt imposé Les Ames pieuses, sont aisement portées à ce devoir, scachant combien il est pressant & que comme on ne se mocque pas impunement de Dieu comme ledit le St. Apostre, non plus que de sa Sainte Mere, il faut avec exactitude leur tenir parole, en remplissant les promesses qui leurs ont esté faites, notamment quand de leurs part, ils ont eu la bonté de satisfaire aux conditions qui y ont estè mises.

Monsieur le Duc François qui avoit vû sa requeste enterinée par Marie, & qui avoit si sensiblement reconnu sa main secourable en l'execution de ce grand dessein, qu'il avoit formé & qu'il conduisit si heureusement à sa fin, ne tardat pas non plus de satisfaire de son côté à son engagement. Le Duc Charles son Fils, qui joüissoit actuellement du bien-fait obtenu par Marie, en la possession qu'il avoit de l'Etat, quelle avoit ramenè en leur Famille, selon que le bon droit le vouloit, se joignit à son Pere pour l'execution du vœu, il les engageoit à dôder à Marie une Communauté de Religieux, lesquels sejournants avec elle sur le St. Mont de Sion, devoient estre comme les Gardes de cette Reine, comme les Officiers de sa Maison, comme les Prêtres de son temple, & côme les instruments desquels elle veut bien se servir, pour atirer les hommes à son Fils & pour enfin concourir avec le Fils & la Mere, au salut des ames pecheresses.

Ils jeterent pour cet effet les yeux sur la Congregarion des Religieux du tiers ordre de Saint François, lesquels estants nommé Penitents pour le quatriesme vœu qu'ils font d'être tels par estat comme ils le sont en effet, furent jugés les plus propres à cette belle fonction ; car à qui pouvoit-on mieux confier la garde de cette belle Rose, qu'a ceux qui par l'austerité de leurs vie, sont signifiès par les espines de la penitence, lesquels composent une couronne à cette Vierge qui luy plait beaucoup plus que celle que son Fils luy à composée des Estoilles du Ciel.

Dailleurs il est facile à remarquer que tous ceux que Dieu à employé en tous les temps au salut des Hommes, ont toûjours esté beaucoup plus remarquables par cette vertu, que par toute autre: Moïse jeuna lespace de quarante jours pour estre digne de recevoir de la main de Dieu la loy qu'il devoit enseigner à son peuple. Il ny à point de Profetes en l'ancien Testament, ny d'Apostres au nouveau, qui n'ait esté consacrés par la mortification & par la penitence; Saint Jean la pratiquoit au desert, la ou il la prêchoit à ceux qui le venoient entendre, & quand Jesus-Christ s'est luy mesme rendu l'autheur & le consommateur du salut eternel par les voyes des peines & des souffrances, il à fait voir que pour estre ses dignes cooperateurs dans le mesme dessein, il falloit imiter sa conduite, veu qu'un instrument moral est fort different d'un artificiel, celuy-cy est d'un autre nature & d'une qualité fort differente de celuy qui s'en sert, mais le moral doit être proportionné à celuy qui l'employe.

Ce fut sur ces reflections que les Religieux penitents du tiers ordre de St. François furent choisis preferablement à tous autres, pour en sejournant sur le saint Mont de Sion, y acquicer tous les devoirs que j'ay marqué cy-deſſus. L'ordre pour tracer les fondements du Monaſtere, qu'on leurs y devoit elever, de même que de ſon enceinte & pour auſſy y faire l'acquiſition des fonds neceſſaires qui n'eſtoient pas du Domaine, fût expedié le quatorziéme de Septembre de l'an 1626. & le vingt-ſeptiéme de même mois & de même Année, Monſieur le Duc François s'eſtant tranſporté ſur la Montagne de Sion accompagné de Madame la Ducheſſe ſon Eſpouſe, de Nicolas François Cardinal Evèque & Comte de Toul leurs Fils & d'un fort grand nombre de perſonnes de la premiere qualité; la premiere pierre du Monaſtere fut ſolemnellement benite en un jour de Dimanche, par le Reverend Pere Vincent de Paris Viſiteur general, aſſiſté de quelques Religieux de l'Ordre, enſuite elle fut placée dans le principal Fondement par les mains de Monſeigneur le Duc & du Prince Cardinal ſon Fils, repreſentant Monſeigneur le Duc Charles abſent, une Truelle d'Argent leurs ayant eſté preſentée par le Maître Architecte, aux deux bouts de cette pierre étoient enchaſſée deux grandes plaques auſſy d'Argent, ſur leſquelles étoient gravées les Armes de ces Sereniſſimes Princes, & au milieu cette inſcription.

DEO OPTIMO MAXIMO.

Dei-paræ Virgini Mariæ

Sereniſſimi Principes Franciſcus ſecundus, una cum Carolo quarto ejus Filio, Lotharingiæ & Barri Duces, Catholicæ Religionis zelo, Monaſterium hoc in monte Sion pro Religioſis tertii ordinis Sancti Franciſci, congregationis ſtrictæ Obſervantiæ, Anno Iubilæi 2. Vrbano 8. Pontifice maximo, Tullenſi Epiſcopo Nicolao Franciſco d Lotharingia, ejuſdem Franciſci Filio die 27 menſis Septembris, Anni 1626. Vouere, primum-que fundamento.

    Lapidem appoſuerunt.

Et le quatorzieme de Juillet de l'année ſuivante 1627. le Duc Charles ayant par une tranſaction paſſée avec les Venerables Chanoines & Chapitre de l'Egliſe de Saint Gengoul de Toul, acquis l'Egliſe & le Cimetiere de Sion, qui ſe trouvoit unis à leur manſe Capitulaire, moyennant une rente annuelle pour leur indemnité, dont la re-

cepte de la Grurie de la Comtè de Vaudemont demeura chargée. Laquelle transaction
fut confirmée & emologuée le dizieme de
Septembre suivant par le Reverendissime
Evêque de Sitie Charles de Gournay admi-
nistrateur de l'Evêchè de Toul. Le quatorziè-
me du même mois, il remit ladite Eglise &
Cimetiere aux Religieux susdit du tiers ordre de Saint François, lesquels en prirent
possession dans les formes accoutumées le dix-
huitieme du même mois de Septembre l'an
1627. par l'entermise du sieur Jacques Marchis
Provôt de l'Eglise Collegiatte de Saint Jean-
Baptiste de Vaudemont, Notaire Apostolique,
& autres denommés dans l'acte de ladite prise de posession Et le vingt-neuvième d'Avril
de l'an 1629. le Duc Charles voulant pourvoir aux besoins & necessités desdits Religieux;
fixa; leur subsistence sur son Domaine de
Mircour & de la Comté de Vaudemont en
deniers & en grains, laquelle a dudepuis
été changée par transaction entre luy & lesd.
Religieux en datte du 3. de Juillet de l'an 1666.
en fonds, de terres & autres èmoluments,
marqués en l'acte de cette echange, qui fut
vérifié en la Chambre des Comptes de Lorraine le vingt-huitieme de Juillet de l'an susdit,
& ratifié par les Superieurs Maieurs de l'ordre le premier jour de May de l'année 1668.

Il est a propos de marquer icy une chose

qui doit rendre la pieté de ces illuſtres Fondateurs recommandable à la poſterité, qui eſt qu'à peine deux grands corps de logis ; ſçavoir un dortoir de trente deux pieds de large, & de longeur proportionnée, ſous lequel eſtoient tous les Offices ; & une infirmerie fort vaſte, avec les chambres des hoſtes, furent ils achevez d'eſtre couverts d'ardoiſe, qu'un vent impetueux venu du midy, s'y eſtant engouffré, joint à quelques deffauts de la maçonnerie qui n'eſtoit pas bien liée, furent portez par terre, & entierement abbatus, un mardy ſeptième de Decembre, veille de la Conception de la Sainte Vierge, de l'an 1627. l'infirmerie la premiere à ſix heures du matin, & le grand dortoir à midy du même jour. La nouvelle en ayant eſtez portée aux Princes, une depenſe auſſi notable que celle qui en avoit eſté faite en la ſtructure de ces deux grands bâtimēs, ne parût pas les toucher, ils donnerent les ordres ſur l'heure même, pour en recommencer l'œuvre, & ſe contenterent de dire, qu'il failloit le rendre plus ſolide, pour qu'il pût à l'avenir ſe ſoûtenir contre l'impetuoſité des vents, ſans vouloir écouter ce que quelques flatteurs tâcherent de leurs perſuader, que ſur cette depenſe faite, ils ſe devoient tenir pour deûment dechargez de leurs vœu

CHAPITRE XXIV.

Les devoirs particuliers des Religieux du troisiéme Ordre de Saint François établis sur le Saint Mont de Sion.

SI les peuples de la Comté de Vaudemont & autres circonvoisins ont des obligations tres-particulieres à Marie, pour leur avoir fait present de sa Sainte Image, sur la montagne de Sion où elle est reverée depuis tant de siecles ; quels doivent estre les ressentiments des Religieux penitens du troisieme ordre de Saint François, de se voir destinez par le choix qui en a esté fait par les Serenissimes Princes les Ducs François & Charles, Pere & Fils, pour le service de la sainte maison de cette Vierge en ce lieu. Certes il est juste, que les particuliers d'entre eux, que l'obedience y envoye, soient animez d'un grand zele pour la gloire de celle qui leurs à fait l'honneur de les recevoir au nombre de ses serviteurs, & de ses domestiques, ne trouvez-vous pas que c'est **un admirable avantage pour eux**, de pouvoir estre à toute heure au pied de son Autel, d'y porter les tributs & les homages de leurs devotions, d'une maniere si aisée, de communiquer avec elle si familierement, de luy decouvrir leurs besoins avec tant de confiance, d'estre en etat de la consulter dans les choses douteuses qui regarde leur conduite, & d'entendre tous les jours les oracles secrets que cette aimable Mere de la sapience éternelle porte à l'oreille de ceux qui se rendent dignes de les oüir. Elle dit en l'écriture au livre des Proverbes chap. 8. que bien-heureux est l'homme qui l'ecoute, qui veille tous les jours a ses portes, & s'y rend assidû, car qui la trouvera, rencontrera la vie, & puisera le salut du Seigneur; qui peut mieux se flater de cette beatitude & de ces grandes esperances de rencontrer ainsi par son moyen la vie & le salut, que ces Religieux qui acquitent ces devoirs envers la Sacree Vierge si ponctuellement en la maison de Sion, où ils sont en estat de veiller à ses portes, & de la trouver avec tant de facilité, c'est aussi ce qui doit les porter a y prendre un grand soin de son culte, à avoir pour sa sainte Image des venerations tres profondes à traiter avec respect tout ce qui concerne son service, à le preferer a tout autre occupation, de quelque qualité qu'elle puisse estre, & a faire effort d'imiter si parfaitement ses vertus, que comme Saint Paul se vantoit autre fois d'estre la bonne odeur de Jesus-Christ en tous lieux, ils puis-

Prov. c. 8.

2. Corr. c. 2. v. 15.

sent

sent dire qu'ils sont en celuy cy, la bonne odeur de sa sainte Mere.

Pour en venir la, il faut qu'arivant sur cette montagne pour y faire sejour avec Marie ils se persuadent qu'elle leur dit en leur abord ce que Dieu dit autrefois à Moïse caché dans un buisson, Ostés les souliers de tes pieds, car le lieu que tu habite est une terre Sainte, & qu'ils se rendent fidels à obeir à cet ordre, c'est a dire à renoncer à eux-mêmes, & à se defaire de tous sentiments humains, & à se depoüiller de tout ce qui se sent encor de la nature, pour se revétir des Vertus de cette Vierge, c'est à dire de son innocence, de sa pureté, de son humilité, de sa pauvreté, de sa douceur, de sa modestie, & de toutes autres Vertus qui ont brillé en elle, car en un lieu saint, il faut y vivre saintement, celuy cy est de cette qualité, car outre qu'il est separé de toutes choses profanes, ce qui le dispose à être saint selon la regle de l'Ecriture qui le dit en ces termes, *Separamini & Sancti estote*, il est sanctifié par la presence de la Ste. Image de Marie, il l'est par la distribution des graces qu'elle y fait continuellement couler dans les ames qui viennent y en solliciter; ainsi ce seroit le prophaner de n'y pas vivre en saint. C'est à quoy sont obligés les Religieux qui y resident, d'une maniere d'autant plus pressante, qu'étant pour un second, destinés par la fin

K

de leur établissement & l'esprit de leur fondation, pour acceuillir les Pelerins qui y viennent, pour leur donner toute forte d'assistances spirituelles, & y aider de leur ministere, les Pecheurs les plus desesperés qui y sont interieurement attirés par l'esperance qu'ils ont au secours de Marie, ils se trouveront d'autant plus propres à le faire, qu'ils auront plus de part dans les bonnes mœurs, dans la probité & sainteté de vie, qui contribuent beaucoup plus avantageusement à la conversion des ames pecheresses, & qui souvent servent de motif à les attirer, à recourir au Thrône des graces & des misericordes de cette Vierge, sçachant qu'elles y seront conduites par de bonnes mains, qui ne les égareront pas dans les routtes qu'il faut tenir pour y arriver heureusement, & y trouver un favorable succès.

C'est la de vray le second engagement des Religieux établis sur le Mont de Sion, ils ne sont pas pour eux seuls, ils y sont encor pour autruy, ils y sont pour prester le secours de leur ministere à tous ceux qui viennent le chercher: Telle à été l'intention de leurs Sereniffimes Fondateurs, lesquels en satisfaisant à leur Vœu, ont voulu qu'en effet, les fideles qui auroient recours à Marie en ce St. lieu ainsi qu'eux mêmes l'avoient fait en leurs besoins, trouvassēt en leurs Personnes toute l'assistance qui leur est necessaire pour être p leur moyen exaucés en leurs vœux, pour par leurs mains presenter leur Sacrifices à Dieu, à l'honneur de Marie, pour luy faire aggréer leurs Offrandes, pour obtenir par leurs Prieres ce qu'ils ont à luy demander, mais plus particulierement pour pouvoir par leur Ministere, regagner les bonnes graces du Fils & de la Mere en quittant le peché qui leurs avoit fait perdre.

S'il y a de l'avantage pour ces Religieux qui habitent en ce lieu, d'être en état de s'attirer le credit de cette sainte Vierge, par les petits services qu'ils luy rendent, & de l'engager à la rendre favorable à leurs interests particuliers, en la communiquant aussi familierement qu'ils le font, peut on pas dire qu'il n'y a pas moins d'honneur pour eux, d'être ainsi les dispensateurs des graces qu'elle veut bien distribuer aux autres par leurs mains, & les instruments dont il lui plait de se servir pour faire rentrer les hommes en reconciliation avec son Fils.

Ce seroit sans doute être ennemy de sa gloire, que de manquer à la fidelité qu'on doit à ce devoir, mais ce seroit d'ailleurs trahir la gloire de cette Vierge, attendu qu'elle la met toute à faire du bien à ceux qui viennent en reclamer le secours aux pieds de sa sainte Image, ne croyant pas pouvoir en avoir de plus seure & de plus éclatante qu'en assistant les miserables qui l'invoquent, ny faire aucun miracle plus avantageux à la mettre en reputation qu'en amenant les pecheurs en son S. Temple pour y recevoir le pardon de leurs crimes; sa passion seroit qu'on les vit

Luc. c. 14 v. 23. y arriver en foulle, Elle voudroit aussi bien que son Fils, qu'on les força même à entrer dans sa maison, s'ils ne s'y presentoient pas, *compelle intrare*, & que les serviteurs qu'elle y a, s'il sont desireux de sa gloire, (sembla-

Prov. c. 9. v. 5. bles à ceux que la Sapience Eternelle envoya autrefois dans les rues & és Places publiques, pour inviter tout le monde à venir manger le Pain qu'elle leur avoit preparé, & boire le Vin qu'elle avoit disposé,) engageassent ainsi chacun à venir se nourir, & se rassasier du Pain de ses graces, & boire le Vin des consolations spirituelles qu'elle donne pour conforter les cœurs. Pour donc nous conformer aux desirs de cette Vierge, pour avancer sa gloire, de la maniere la plus favorable à le faire, pressons tout le monde à entrer en son S. Temple de Sion, ouvrons en toutes les portes pour en faciliter l'entrée, recevons y avec joye les pecheurs qui y viennent, comme à un azile qui leur est destiné, aidons les de nôtre mieux à y briser leurs chaines pour sortir de la honteuse servitude, ou le demon les a mis, & rentrer en la parfaite liberté des vrays Enfans de Dieu, écoutons les avec patience en nous marquant leurs playes, portons y l'Huile & le Baûme capable de les guerir, & s'il faut quelquefois y appliquer le feu, faisons le avec tant d'amour & de suavité, que les blessés puissent aisement connoistre, que ce n'est que pour les guerir, qu'on y met les Rasoirs & le feu. Enfin accueillons en ce Santuaire de Marie favorablement les simples, & les pauvres, aussi bien que les grands & les riches, sans jamais faire cette injure aux premiers, de donner à leur préjudice le droit de preference aux seconds, nous ressouvenant que la Souveraine Princesse qui y habite, se plait davantage à la simplicité de la devotion de ceux la qu'à la pieté fastueuse de ceux cy. C'est ainsi que travaillant à la gloire de Marie, & que cooperant à ses desseins, nous nous rendrons dignes de ses faveurs, que nous meriterons les benedictions des hommes sur la Terre, & les Couronnes qui sont promises au Ciel à ceux qui travaillent au salut du prochain.

CHAPITRE

CHAPITRE XXV.

Le Duc Charles voyant sa Fondation reüssir à la gloire de Marie & à l'utilité de ses Peuples, en à joye, & donne de nouveaux accroissements à sa pieté envers la Ste. Vierge.

LE grand zele que ce Prince avoit pour l'avancement de la gloire de Marie, & pour l'augmentation de la pieté de ses Peuples envers elle, ne luy causa pas peu de joye quand il vit combien sa Fondation étoit utile à l'une & à l'autre de ces choses, il est certain que la gloire de cette Ste. Vierge en fut de beaucoup accrüe, & que les Peuples qui devoient y contribuer en venant l'honorer sur cette Ste. Montagne, furent beaucoup mieux en état de le faire, depuis qu'ils y trouverent ce qui leurs avoit jusque à lors manqué, qui fut l'assistance dont ils avoient besoin pour s'en bien acquitter; on prenoit garde que la devotion de cet ancien Pelerinage avoit commencé à se ralentir depuis quelques-années, en sorte qu'il y avoit lieu à craindre qu'on ne pût dans la suite appliquer à ce St. lieu la parole de Ieremie, que Sion étoit devenu vne terre de- *Ierem.* serte & abandonnée, *Sion deserta facta est* c. 64. v. 10. veu que les chemins qui y amenoient les peuples commençoient à gemir & à pleurer, de ce qu'on ne les fouloit plus comme du passé pour se trouver à ses solemnités, cela procedoit de ce que souvent ceux qui y abordoient, n'avoient pas la consolation d'entrer dans le Temple de Marle, les portes en étant pour l'ordinaire fermées, pour ne pas donner occasion aux méchants d'étendre leurs mains Sacrileges sur ce qui servoit au culte du Fils & de la Mere, comme il s'étoit fait autrefois. Dailleurs, les Ministres Sacrés de la main desquels les Sacrements sont à être receus, manquoient en ce St. Temple; ainsy les Pelerins n'avoient pas facilité à être par leurs moyen reconciliés avec Dieu, avant que de luy demander ce qu'ils venoient chercher sur les intercessions de sa Mere; ils ne pouvoient non plus luy faire aisement offrir leurs Sacrifices & leurs Oblations Vn établissement Religieux ayant pourveu à ces besoins on vit bientôt refleurir l'ancienne devotion en ce St. lieu: les Processions y affluerent de toutes parts, les Peuples s'y rendirent de tous côtés, non seulement ceux de la province, mais même des Proviences étrangeres, personne n'ayant plus à se plaindre de la Sterilité de ce lieu, veu que les serviteurs, que les Princes y avoient donné à Marie, étoient prests à toute heure à y donner tous le secours dont on avoit besoin, & c'est ce qui causa (comme j'ay dit) au Duc Charles beaucoup de joye, & ce qui le porta à donner de nouveaux accroissements à sa pieté envers cette mesme Vierge; il faut en juger par l'assiduité qu'il eut à luy venir rendre tres souvent ses hommages; en effet, ce grand Prince venoit tres frequemment consacrer à cette Reine du Ciel & de la Terre l'honneur de sa Couronne, faisant éclipser en sa presence tous les éclats de sa gloire, & toutes ses grandeurs soubs le joug amoureux de cette Mere Vierge, qui a eu l'honneur d'avoir un Dieu pour Fils & pour sujet, & s'estimant trop heureux (tout Souverain qu'il étoit) si elle daignoit bien le recevoir au nombre de ses tres humbles Vassaux & Serviteurs.

Cette humble & amoureuse conduitte qu'il observoit envers la sacrée Vierge, ne luy fut pas inutile, puis qu'elle luy fit meriter une protection speciale de sa part, dont il eut besoin dans la suite pour ne pas succomber soubs le faix de tant de disgraces dont il fut accueilli déz les premieres années de son Regne, car outre que son mariage contracté avec la Duchesse Nicole se trouva sans Enfants, dont la procreation en auroit fait le bonheur

& la felicité. Il vit la mort luy enlever Monseigneur le Duc son Pere, dans un temps ou ses Conseils luy auroient été les plus necessaires. Ce Prince ayant en effet fini ses jours à Nācy entre les mains du Reverend Pere Vincēt Reformateur des Religieux du Tiers Ordre de S. François le quinziéme d'Octobre de l'an 1633, & dont une partie de son Corps fut sur ses Ordres apporté en l'Eglise de Sion pour les faire plus doucement reposer soubs l'ombre de l'Image de la Ste. Vierge; il vit bien que la France n'avoit pas dessein de le laisser longtemps en repos, & que mal-aisemēt en échaperoit il la disgrace, sur le dessein qu'elle avoit d'attaquer l'Empire; de vray, elle commença à le chagriner par un fâcheux Arrest qui fut donné par le Bret à son desavantage, soubs pretexte de quelques entreprises qu'on disoit avoir été faites dans les Terres des Evêchés; ensuite ce Prince ayant levé une Armée de treze à quatorze-mil Hommes qu'il conduisit en Allemagne, pour le secours de l'Empereur contre les Suedois qui étoient entrés dans l'Empire, il fut contraint de se retirer en son Duché, sur ce que le Roy Loüis XIII. luy fit dire que s'étoit l'attaquer que de s'en prendre a son Allié le Roy de Suede. Y étant revenu, on l'engagea par divers Traittés à ceder les meilleures de ses Places, & Nancy même; mais ayant enfin reconnu qu'on ne cherchoit que sa ruine, & qu'on vouloit son Païs tout entier, cedant alors au plus fort, il retourna en Allemagne pour y servir soubs la qualité de General de l'Armée Catholique, celuy que le Cardinal de Richelieu vouloit perdre avec luy.

En ces entrefaites se trouvant ainsi en Païs étranger, il n'oublia, non plus que le Peuple d'Israël assis sur le rivage des Fleuves de Babilone, le cher endroit de Sion, ou il avoit laissé son Cœur, & toute sa confiance. Il fit remettre à sa Sœur Henriette de Lorraine Princesse de Phalzbourg, qui ne s'étoit pas encor évadée de Nancy comme elle fit du depuis, un Brasselet d'Or en forme d'une petite Couronne, garni de deux cent cinquante quatre Diamans, pour être offert en son nom à la Ste. Vierge de Sion par les mains des Religieux qu'il y avoit etablis, & ausquels la Pincesse le fit rendre, leurs marquant par une Lettre écrite de sa main propre, que le Duc son Frere, ayant une particuliere confiance en cette Vierge, Elle les conjuroit de joindre leurs priéres aux siennes, pour en obtenir une protection speciale parmi tous les hazards qu'il alloit courre en l'état ou ses ennemis l'avoient reduit; & certes on peu dire qu'elle ne luy à pas manqué, cette Ste. Vierge l'ayant en effet protegé au milieu de tant de perils ou il s'est rencontré, ne s'étant rien fait de me-

Psal. 136. v. 1.

morable dans le cours de cette sanglante guerre, soit en Allemagne, soit en Flandre, soit en Lorraine, & dans la Franche Comté ou sa valeur ne luy ait fait prendre part aussi de son côté, il se rendit toûjours fidel à en garder le souvenir, à la reclamer dans ses besoins, & a la servir de son mieux en cet éloignemẽt ou son malheur le poussa, jusques à entrer même par sa compassion dans les necessités des Religieux, qu'il avoit mis à la garde de sa Ste. Image, notament depuis qu'il fut informé, qu'on leurs avoit retranché sur son Domaine ce qu'il y avoit reglé pour leur subsistance, prenant soin de leurs faire toucher des aumônes secretes, & de pourvoir par ses ordres à leur soulagement, quand l'occasion y étoit favorable, sa passion étoit, durant ces mauvais temps, de pouvoir encor un jour revoir cette Ste. Image, il en eut la consolation, Marie l'ayant enfin ramené en ses Etats; c'est ce que nous observerons dans la suitte, & ce qu'il fit de nouveau pour sa gloire, apres que nous aurons vû le Vœu de sa bonne Ville de Nancy, fait à la Ste. Vierge de Sion pour en impetrer le retour.

CHAPITRE

CHAPITRE XXVI.

Vœu de la Ville de Nancy fait á Nôtre-Dame de Sion pour obtenir le retour de son Prince en ses Etats, & la fin des maux qui les accabloient.

Depuis que le Duc Charles fut contraint de se retirer de son Païs, & cedant a la force de l'abandonner à la discretion de ses Ennemis, on ne vit plus par tout que des desolations si extremes, qu'on ne peut les exprimer par comparaison à toutes celles qui les ont precedé dans les siecles passés; les Suedois furent les premiers qui en commencerent le saccagement, y ayant été appellés, ils porterent de toutes parts l'effroy en y entrant, ayant en leurs Etendars la representation d'une figure humaine, couppée en deux avec le Sabre, & environnée de Soldats qui portoient le Flambeau à la main, au bas de laquelle étoit écrit, LORRAINE, c'étoit pour marquer ce qu'ils y venoient faire; ils ne manquerent pas d'executer en ce deplorable Païs ce dont ils le menacerent en y entrant par cette effroyable figure, car on ne vit par tout que meurtres, qu'incendies, que pillages, que viollements, & prophanations de tout ce qu'il y a de plus Saint, & de plus sacré en la Religion, l'avarice leurs ayant suggeré de s'enrichir de l'Or & de l'Argent de ces Miserables peuples qu'on Sacrifioit a leur fureur: Ils n'obmirent rien pour s'en rendre les maistres, de ce que les Tirans exercerent dans les premiers Siecles de l'Eglise sur les Chrétiens pour leur ôter la foy. Les autres Troupes qui dans la suite succederent a celles cy, n'étant pas moins cruelles, porterent la desolation a de nouveaux excez, en sorte que cette jnfortunée Province, qui venoit de goûter les douceurs d'une Paix profonde, d'ont elle avoit joüy soubs le Regne du Duc Henry, fut changée en vn affreux Theatre sur lequel on vit ce qu'on peut s'imaginer de plus barbare & de plus jnhumain, l'Image de la Mort paroissant par tout, avec horreur, a quoy ayderent a la representer les suites ordinaires de la Guerre, la Peste, & la Famine, mais vne Famine de telle qualité, que les vivants furent contraints de foüiller dans la Terre pour en tirer les morts que la Peste y avoit mis, pensant conserver pour quelques jours vne miserable vie, & s'eloigner ainsy de la mort en mangeant des Chairs empestées & pourries qui la portoient chez eux. On vit méme renouveller en ses malheureux temps, ce que les Villes de Samarie & de Hierusalem avoient vû dans le leur; des Meres lesquelles ne pouvant pas se deffendre autrement de la Faim, ôterent à leurs Enfants la vie qu'elles leurs avoient donnée pour prolonger la leur. Dans ces horribles extremités qui s'étendirent par tout, sans qu'il y eut aucun endroit qui pût s'en exempter, on conjura le Ciel, d'où venoient ces étranges fleaux, puis qu'il n'y à ny bien, ny mal sur Terre, qui n'en soit ordonné, de vouloir appaiser son couroux, & donner fin à tant de Calamités qui opprimoient cette miserable Province, mais il fut sans Oreilles aux Prieres de ceux qui en implorerent le secours, la Justice divine qui par vne misericordieuse conduite punit en ce monde ceux qu'elle ne veut pas châtier en l'autre, ou ses coups sont incomparablement plus à craindre, voulant tirer satisfaction de ceux qui luy étoient redevables, ne se laissa pas fléchir à ces premieres instances, ainsy il fallut y en adjouter de nouvelles, & faire ce que les Profetes ont conseillé de pratiquer en pareille rencontre qui est de presser toùjours sans se lasser, jusque à ce que l'on ait obtenu ce que l'on demande.

La Ville de Nancy Capitale de l'état, comme la plus opprimée de toutes les Villes & presque reduite jusque aux abbois par la duteté de ses gouverneurs, & soubs le joug des intolerables charges qui luy estoient journellement imposées, fut la plus exacte à bien satisfaire à ces sollicitations. Le President en ayant assemblé le Conseil pour deliberer sur les moyens qu'on devoit employer pour fléchir la misericorde de Dieu, & l'engager à rendre à ce pauvre Païs son Prince legitime, dont le retour y rappelleroit la felicité, en y faisant finir les maux soubs lesquels il gemissoit depuis long-temps. Tous furent d'advis pour reüssir en ce dessein, qu'il falloit employer le credit de Marie, dont les intercessions sont toutes puissantes auprès de celuy qui semble n'avoir point de graces à nous donner, à moins, qu'elle n'en fasse la demande; en effet, Dieu veut qu'elle soit nôtre Mediatrice, & que ses intercessions soient des conditions sans lesquelles il ne nous accorde rien, s'étant aussy vne fois donné par elle aux hommes, il ne veut rien adjoûter à ce premier present que par elle. Ainsy il faut y recourir dans les besoins avec d'autant plus d'assûrance qu'elle se tient honnorée de se voir reclamée soubs la qualité de Refuge des Pecheurs, de consolatrice des affligés, & de souveraine Mediatrice entre Dieu & les Hommes.

Ainsy il fut arresté dans le Conseil assemblé à Nancy, qu'elle seroit tres humblement suppliée de vouloir employer son credit pour obtenir de son Fils, ce qu'vne parfaite confiance qu'on avoit en sa bonté en faisoit esperer, & que puis qu'elle est celle qui trou- *Cant. c. 8.* ve la Paix devant luy, lors qu'elle semble ê- *v. 10.* tre plus éloignée de nous, au dire de l'Ecriture, *Facta sum coram eo quasi pacem reperiens,* de la solliciter pour un Païs que la guerre la plus cruelle qu'on vit jamais sur terre, avoit si étrangement desolée. Et la Ville dans cette assemblée s'engagea par vœu d'en venir reconnoistre la faveur, par vne Procession solemnelle aux pieds de sa Ste. Image sur le mont de Sion, de faire appendre devant elle en ce St. Temple, vne Lampe d'Argent d'vne grosseur juste & proportionée, & de faire aussy attacher en ce même lieu vne table de Bronze ou de Marbre en place commode & apparente, ou seroit gravé la teneur de ce Vœu, pour perpetuelle memoire du recours que la Ville de Nancy auroit eu en ses oppressions à la Mere de Dieu, reverée depuis tant de siecles sur cette Ste. Montagne, & ou ses Princes avoient toujours affecté de l'honorer plus particulierement. Le tout fut executé dans la suite depuis qu'il eut plû à Dieu d'accorder sur les intercessions de sa sainte Mere, les graces qu'elle luy avoit demandé pour une Ville & un Païs si douleureusement affligé.

Les

Les Peuples de Nancy furent Solemnellement conduits en Procession sur la Sainte montagne le deuxieme d'Octobre de l'an 1663. Messieurs les Conseillers de la Maison de Ville qui pour lors se troverent en charge y envoyérent la Lampe d'argent voüée par leurs predecesseurs, par le Prevôt de la Ville, & le sieur d'Hédival Conseiller de la Chambre, laquelle fut receüe en la Sacristie des Religieux, & Consacrée à l'honneur de la Sainte Vierge le jour de son immaculée Conception, par le Reverend Pere Albert de Nancy Gardien, auquel on remit aussi une coppie authentique de ce qui devoit être inscrit en la table susdite contenu en ces termes.

*Laborante apud immites exteras
Carolo quarto Duce Serenissimo,
totâ-que patriâ ærumnis
Oppressa, Almæ Virgini clamantes Lacrimas anxii populi obaudienti corda vovent
& munera pientissimi ædiles Nancæiani.
De Duce reduce ubi compressi gemitus
Ubi Lacrimæ facta delitiæ
Sanctissimæ Dominæ vota reddunt, qui
voverunt.*

In monte Sion, ubi de se ipsa clamat.
sic in Sion firmata sum, Sacrata ibi lam-
pade argentea.
Anno reparatæ Salutis Millesimo sexen-
tesimo sexagesimo quarto.

CHAPITRE XXVII.

L'heureux retour du Duc Charles en ses Estats, & les nouvelles marques de sa pieté envers la Sainte Image de Sion.

LE retour de la belle Saison aprés qu'un affreux Hyver à semblé avoir par ses rigueurs comme étouffé & fait mourir la nature, n'est pas plus agreable aux premieres douceurs du Printemps que celuy de ce Prince le fût à ses Estats. Ses pauvres sujets à qui l'on avoit présque pas donné le temps de respirer en eurent autant de joye, que la bonace à coutume d'en faire naître dans le cœur de ceux qui la voyent revenir sur la face de la Mer aprés qu'une violente tempête l'a longuement agitée, & quelques facheuses que fussent les conditions de son retablissement, il crûrent aſſe gagner que de le revoir au Païs, & de ſentir par la les chaînes de leurs captivités rôpües, ils en firent de grands feux de joye par-tout, & ne manquèrent pas à bien remercier Marie ſous le titre de Reine de Paix, ne doutant pas que ce ne fût elle, qui par ſes ſollicitations auprés de ſon Cher Fils, leurs avoit moyenné ce favorable retour; qui alloit les tirer de leurs oppreſſions, donner fin à leurs calamités, & ramener en leurs jours les douceurs de la paix qu'une longue gueurre, & auſſi déſolante qu'elle avoit été longue avoit, bány de leurs contrées.

On vit les peuples de divers endroits, conduits par leurs Paſteurs monter au St. Temple de Sion, pour remplir ce devoir, en acquittant leurs vœux; & le Prince n'eut pas moins de fidélité a y ſatisfaire qu'en marquoiët ſes ſujets; il avoit l'ame trop penêtrée des ſentimens de la juſte reconnoiſſance qu'il luy devoit ſur tant de bien-faits qu'il en avoit receu, pour ne pas ſe ſentir attiré à les luy venir marquer au lieu de ſa reſidence. Il vient exprès ſe poſter és premieres années de ſon retour en la Ville de Mircourt, pour qu'étant ainſi voiſin de la montagne de Sion, cette ville n'en étant qu'à deux lieües il pût s'y rendre plus frequemment, & plus commodement, auſſi le fit-il tres-ſouvent enmenant toute ſa Cour avec luy, & y ſéjournant même pour avoir plus de loisir de faire la siéne à cette souveraine Princesse qu'il venoit visiter. A peine étoit-il hors de Carosse, ou descendu de Cheval, qu'on le voyoit sur l'heure même prosterné aux pieds de sa Sainte Image, ou appellant les Religieux, il leurs faisoit chanter les Littanies de cette Sainte Vierge, qui étoient fort au goust de sa devotion. Il fit choix dez son premier voyage d'un endroit au Monastere, qui n'étoit pas des plus cómodes, n'y des plus propres a loger un Prince de son rág, les Religieux le presserẽ fort d'agrér que l'on le plaça mieux mais on ne put du-tout l'engager a changer de quartier, & comme on s'appliqua dans la suite a étudier la raison de son attachement à ce lieu, la nuict donna jour à la decouvrir, on prit garde qu'il étoit facile de se glisser de cet endroit à l'Eglise, sans être vû, & qu'il en profitoit y allant seul de nuict, lorsque tous ses gens étoient retirés, & qu'il les croyoit endormis, pour passer ce temps avec la Sainte Vierge, le trouvant le plus propre, pour sans être interrompû épanoüir son cœur & l'ouvrir devant elle, & pour aussi luy marquer ses obligations, & luy demander la continuation de sa protection, pour luy & pour son peuple,

Et bien qu'il n'ignora pas que cette Vierge ayant tous les Thrésors de Dieu en sa puissance, n'a nul besoin de nos presens, & qu'elle peut se passer de nos plus riches depoüilles, étant

Apoc. c. 12. v. 1.

revetûe comme elle eft du Soleil, & ayant toutes les chofes fublunaires fous fes pieds, c'eft à dire, a fa difpofition, il crût neantmoins que puifque fon Fils qui eft fans côtredit le Maître de l'univers, & à qui l'or & l'argent de la terre appartiennent propriétairement au dire de l'écriture, n'avoit pas rejeté les prefents que les Mâges luy firent lors qu'ils l'adorérent autrefois, repofant fur fon feing en l'Etable de Bethléem, elle agreroit bien qu'il luy offrît quelques dons de fa part, lefquels luy marqueroient fa reconnoiffance plus efficacement que fes paroles ne l'avoient faits jufqu'àlors, encore qu'elles euffent étés fort finceres & les veritables interprêtes de fô cœur fur ce devoir.

Agg. c. 2. v. 9.

Il luy donna pour fervir à orner fon Autel, une grande piece de Velour violet, au milieu de laquell'ôn voyoit un Crucifix fur une Croix, pofé par le bout fur un vafe, le tout en broderie. Côme auffi une Image de la Sainte Vierge, & celle d'un Ange, faifant la reprefátatiõ du miftére de l'Annonciation en broderie, à côté du Crucifix, deux bandes de broderie, au bout de chacune des quatre extremités, entre lefquelles font plufieurs Chérubins à fil d'or fur Satin blanc, & deux grands doubles C. Courronnes en broderie, au deffus de la Vierge & de l'Ange. Deplus un riche devant d'Autel de Velours violet, à pareilles bandes, de Chérubîs, a doubles C. Courronnes comme deffus,

& au milieu un Image de Jesus-Christ mort nôtre Dame de pitié, & autres quatre personnages, le tout en broderie. Item une grande pièce de fine broderie d'or & de soye, sur un fond de satin feüillemorte, qui fût employè à faire une Chape, un devant d'Autel, & autres petis ouvrages. Il envoya aussi une Sainte Epine de la Courronne de Nôtre Seigneur, du Thrésor des Anciens Ducs de Lorraine, enchaffée en un Reliquaire d'or fermé de deux Cristeaux, & posée sur un pied d'Ebeine, couvert de plaques d'argent & deux Anges d'argent massifs a côté dudit Reliquaire. Ce thrésor avoit été pris par les ennemis pendant la guerre, & ayant été heureusement recouvré par Monsieur Prud'homme Conseiller d'Estat & Maître des Requêtes du Prince, qui le tint caché pendant plusieurs années, il le luy remit aprés son retour, & il l'envoya à Sion par present, aprés l'avoir fait adorer, & baiser par toute la ville de Mircourt ou il étoit, par son Confesseur, Religieux Tiercelin.

Il fit aussi present à cette même Vierge d'un grand Crucifix d'argent, du poids de douze marcs, & quelques onces, de deux grands Chandeliers de même poids, & de quatre autres a proportion; d'un Benitier avec son Aspersoir, pesant cinq marcs, quatre onces, d'un Calice de quatre marcs, deux onces, & de deux petis Chandeliers de Vermeille-doré,

& d'une Coupe tres-riche en forme de Glôbe, qui a été convertie en Ciboire.

Mais ce qui fût admirable en la devote conduite de ce Prince sur les divers mouvements que sa pieté luy donna, fut la jonction qu'il fit de la devotion du Fils avec celle de la Mere, voulant que l'un & l'autre fussent conjoinctement honnorés dans le même temple de Sion, où tous les deux ont pris plaisir de racourcir leurs grandeurs. & de voîler les Divines clartés qui brillent sur leurs Faces en l'état de leurs Gloires, l'un en l'Eucharistie, où il est contenu sans y être apperceu, & l'autre en sa Ste. Jmage, où elle cache sa vertu, pour que ceux qui y viennent pour les y adorer n'étant pas éblouïs de leurs splendeurs fussent mieux en état de le faire, aussi n'eut-il pas parû juste de n'y voire que la seule Mere honorée, tandis que le Fils s'y trouveroit avec elle en la même Chair qu'elle luy donna autrefois lorsqu'il se fit homme en ses tres-pures Entrailles, joint que si elle merite nos honneurs par ses élevations, c'est luy qui l'en a renduë digne, en l'y faisant monter, & si elle est en état de nous y faire du bien lorsque nous l'en prions, c'est parcequ'il l'a enrichie de tous ses biens, & qu'il luy en a remis la distribution. Ainsi ce Prince crût avec bien de la raison, qu'il ne falloit pas sur ces vües séparer ce que la grace & la nature ont si saintement conjoint, c'est ce qui luy fit rendre au Fils & à la Mere, ses plus profonds respects; & pour qu'il ne fut pas luy seul a le faire en ce Saint lieu, il voulut qu'une Confrairie sous le nom du tres-Saint Sacrement y fut erigée & établie, en laquelle il pretendit qu'on feroit Profession particuliere de venerer l'adorable Jesus cachez sous les voyles de ce grãd Sacremẽt. il convĩt des articles avec les Religieux, il les engagâ à Celebrer tous les Jeudy la Messe du tres - Saint Sacrement, laquelle doit être haute, & la plus Solemnelle qu'il se peut, les premiers Jeudy de chaque mois, avec l'exposition & la Benediction du tres - Saint Sacrement. Il voulut aussi que la Profession de ce même Sacrement se fit le Dimanche dans l'Octave, & fit ensuite solliciter en Cour de Rome, l'Erection de cette Confrairie, laquelle fut accordèe par un Bref d'Alexandre VII. le dix-neuvieme de Janvier de l'an 1663. avec un grand nombre d'Indulgences qui y sont énoncées, & la publication en ayant étée faite par l'authorité de l'Ordinaire, il vint expressement sur le mont de Sion, avec les Princes & autres Seigneurs de sa Cour, à la premiere Ceremonie de cette sainte Societé, pour laquelle il fit venir toute la Musique de Nancy, & les Chanoines de l'Eglise Collegiate de Vaudemont, & ensuite il s'inscrivit luy même, & Monsieur son Frere unique, le Duc Nicolas F. aprés luy au Registre de ladite Cõfrairie

& par un acte auhtentique signé de luy, & contre-signé par l un de ses Secretaires d'Etat, il declara qu'il prenoit ladite confrairie, & tous ceux & celles qui y seroient aggregés sous sa patticuliere protection, & vouloit ère reconnu, luy & tous ses Successeurs Ducs pour Protecteurs, Chefs, & premiers Confreres d'icelle, afin qu'il plût à Dieu de le maintenir & toute sa famile & maison, dans la connoissance de son Saint nom, & dans le culte & veneration du Saint Sacrement.

Les Princes & Princesses qui se trouverent presents souscriverent aussi dans le même Regiftre, & les absents demanderent que leurs noms y fussent semblablement ècrit, la Noblesse, les Secretaires d'eftat, les Maîtres aux Requêtes, les Presidents & Conseillers des Cours souveraines, firent la même requisition, aussi-bien que les peuples qui font encore aujourd'huy voir leur zele & leur devotion, accourât de toute-part sur la sainte montagne, pour se trouver à l'auguste Ceremonie qui s'y fait au Dimanche d'en l'octave, & verifier ce que le Prophete Heremie en avoit avancé en disant ces paroles, *venient & laudabunt in monte Sion, & confluent ad bona Domini super frumento & vino.* Ierem. 31. v 12.

Mais ce Prince n'en demeura pas la, car bien qu'il se fut retiré en sa bonne Ville de

Nancy Capitale de ses Estats, pour estre plus commodement placé pour l'utilité de ses sujets où il fit l'institution d'une solemnité annuelle & perpetuelle de la Conception de la sainte Vierge, qu'il voulut être tres-pompeusement celebrée dans le cours de son octave ce qu'il étendit du depuis de toutes parts, invitant par une declaration publique de ses intentions, tous ses Officiers, vassaux & sujets des autres Villes, Bourgs Châteaux & residences de ses Duchès de Lorraine & Barrois a l'imitation de ce qui se pratiquoit sur ses ordres à Nancy, pour faire voire qu'il n'oublioit pas le lieu de son ancien attachement, & de celuy des Princes de sa Serenissime maison, il retourna tres-souvent sur la sainte montagne, pour continüer a donner des marques de ses estimes à Marie, en la veneration de son Image, il fit même construire un grand corps de logis, pour que sa personne & les Princes & Seigneurs de sa Cour, puissent y être plus commodement receües, lors que sa pieté luy en suggereroit le voyage: & pour montrer que ses amours & son cœur étoient la, après avoir dit souvent & marqué en une lettre écrite de sa main le quatorzieme de Septembre de l'an 1657. à Messieurs de saint Martin & Mangin, qu'il pretendoit qu'aprés sa mort, cette plus noble partie de luy-même, & le cœur aussi de feu Madame la Duchesse Nicole, decedée à Paris longtemps auparavant, fussent apportés à ce saint Temple de Marie, pour y être inhumés aux pieds de sa sainte Image, la mort ayant fait partir de ce monde avant luy Monseigneur le Duc Nicolas François son frere unique qui deceda à Nancy le vingt-cinquieme de Janvier de l'an 1670, il voulut que son cœur avec lequel le sien ne faisoit qu'un, y fut apporté par avance, & l'ayant pour cet effet remis és mains de son Confesseur ordinaire, Religieux du tiers ordre de saint François, il l'y envoya avec pompe le second de Fevrier de l'an susdit, où il fût receu par le Superieur du Convent, à la tête de sa Communauté, à la porte de l'Eglise, & placé en Ceremonie sur un Carreau de vélours violet devant la sainte Image, comme pour luy donner temps, tandis que l'on faisoit les Prieres de luy renouveller les hommages, qu'il luy avoit rendut tant de fois, & ensuite mis en terre à ses pieds, pour y reposer sous sa garde, en attendant le jour auquel elle le representera a son Fils, lorsque sa voix rappellera les morts de leurs tombeaux pour paroître devant son Tribunal, & en être jugé.

J'adjouteray une derniere marque de la pieté de ce grand Prince envers cette même sainte Vierge, une nouvelle disgrace luy arriva, qui luy dôna lieu a juger que le Ciel ne pretendoit pas luy donner part à ses Courronnes, qu'a-prés qu'il auroit veû la sienne tres-souvent ébranlée sur la terre, il fut de nouveau broüillé avec la France en soûtenant ses droits; les choses allerent si loing, qu'on menaca son païs d'une desolation generalle, ce qui mit de tous côtés l'alarme dans le cœur de ses pauvres sujets, en une conjoncture aussi facheuse que celle-cy, ou il se trouvoit sans places, & sans autres troupes que ses Gardes; il s'estudia à donner toute satisfaction au Roy, & a entrer dans les dernieres complaisances, & voyant qu'il avancoit peu a luy ôter l'aigreur qu'on luy avoit inspirè contre luy, il ne manqua pas à recourir à sa protectrice ordinaire, pour en être appuyé, en un pas aussi glissant que celuy-cy, il porta ses yeux & son cœur vers le mont de Sion, & ne pouvant pas y venir en persône se jetter aux pieds de la ste. vierge pour en reclamer le secours, il se dôna l honeur de luy écrire, avec une côfiàce sêblable a celle qui porta autrefois Marthe & Madelaigne a faire le même à Jesus-Christ son Fils, luy mandât que leur frere Lazare étoit dâgereusemēt malade, pour qu'il luy plût de venir le guerrir; le côtenu de la lettre de ce Prince étoit la priere ordinaire, que nous luy faisons en nos oppressions, en ces termes *sub tuum præsidium*, à laquelle il avoit adjoûté quelques mots qui ressentoient la tendresse d'un Fils envers sa Mere, la superscription portoit. A la sainte Vierge, Glorieuse Mere de Dieu, nôtre Dame de Sion, souvetaine de la Couronne des Ducs, Princes & Princesses, de tous les sujets & biens de la Lorraine. Au mont de Sion. Cette lettre fût mise en Ceremonie aux pieds de la sainte Image, & Marie y repondit en garrantissant le Prince des mains de ceux qui le cherchérent pour le perdre. Le Chevallier de Fourille Mestre de Camp General de la Cavallerie de France eût ordre de s'avancer, pour venir s'assurer de sa Personne en la Ville de Nancy, pour lors démantelée, & de l'en tirer mort ou vif; il se mit pour cet effet à la tête d'une troupe de Dragons suivie d'une autre de Cavallerie legere, lesquels eûrent leur rendésvous dans les bois de Hayë, la nuict du vingt-cinquieme au vingt-sixiéme d'Aoust de l'an 1670, pour de la se transporter à toute bride à la petite pointe du jour aux portes de la Ville de Nancy, mais il arriva que ses troupes fûrent tellement egarées dans les bois, qu'elles ne pûrent s'en tirer qu'en plein jour, ce qui donna lieu au Prince sur l'advis qu'il receut de se sauver de ce peril, sortant promptement de Nancy, pour gagner l'Allemagne, comme il fit par les montagnes de Vôge.

CHAPITRE XXVIII.

Plusieurs Miracles operés par l'invocation de nôtre Dame de Sion.

CE seroit mal connoître les graces de la Mere de nôtre Dieu, & les bontés de son Fils, de penser que l'une manquat de merite pour obtenir, & l'autre d'amour pour luy accorder tout ce qu'elle peut luy demāder pour nous, lors que nous la considerons tenant Jesus entre ses bras, ne vous semble-t'il pas qu'elle nous dit en nous le presentant! Confiés vous en moy, vous avez lieu d'en esperer toutes choses, voyla ce que j'ay fait pour vous secourir en vos necessites, & que ce même Jesus nous dit pareillement en nous montrant sa Mere, voila vôtre mediatrice, m'etant donnè à vous par cette aimable, Mere que pouray-je luy refuser de tout ce que elle me demandera pour vous, en me constituant son Fils, je luy ay mis en mains tous les biens du Ciel & de la Terre, pour qu'elle fut en ètat de vous en gratiffier à sa discrétion.

Voyla Chetiens le fond de la confiance

que nous devons avoir en Marie, & ce qui dans nos besoins doit nous attirer à y avoir recours, comme à celle qui à un plein pouvoir sur tous les biens de son Fils, pour nous en faire largesse, & prenès garde qu'en parlant ainsi, je ne veux pas dire que ce pouvoir qu'elle a sur ces biens de son Fils soit direct & naturel, & qu'elle soit revetüe de quelque vertu particuliere, soit pour donner des graces à nos ames, soit pour octroyer miraculeusement quelque bien à nos corps, qui seroit independante de celle de Jesus-Christ son Fils; il faut observer l'ordre de la justice en parlant des œuvres de la grace; comme elle n'a étée faite Mere du Verbe de la Gloire en l'Incarnation que par un exces de grace, elle n'a pas aussi ce pouvoir par nature, ainsi ce n'est pas naturellement qu'elle est en état de faire des miracles en nôtre faveur, lorsque nous l'en prions ce n'est que par la vertu qu'elle a receu de son Fils, puisque la même grace qui l'a elevée à la suprême dignité de Mere de Dieu, la rendüe digne de pouvoir faire des prodiges pour nôtre utilité, dequoy elle a donné des marques tres evidentes, par tant de miracles qu'elle a fait en tous les siecles en faveur de ceux qui l'ont reclamée en leurs besoins. N'avons nous pas en main un grand nombre de livres remplis de ses merveilles ? qui justifient le pouvoir de cette Vierge, dont elle a étée revetuë lors que le Verbe Divin s'est incorporé en son sein, se faisant homme pour nous. Je grossirois demesurement celuy-cy, s'il falloit que je fisse un denombremẽt bien exacte de toutes celles qu'elle a fait sur le mont de Sion, depuis qu'elle commença à y être conüe & invoquée; il faut sans doute qu'elles ayent esté tres nombreuses & tres éclatantes, puisque tant de Princes & de Princesses sont venus chercher son Image en cette solitude, pour luy rendre leurs hommages, que les personnes de la premiere qualité se sont autrefois associés en corps comme je l'ay rapporté pour l'honnorer en ce saint lieu, comme par estat & par profession, & qu'on a vû en tous temps tant de peuples, venir de près & de loing, se prosterner devãt elle en son saint Temple luy presenter leurs offrandes, & implorer son secours, à quoy les uns & les autres n'ont pû être attirés, que sur le bruit & l'evidence de ses Miracles. Pour ne pas remonter trop haut, & ne pas exceder la mesure que je me suis proposé de donner à ce volume, j'en produiray seulement quelqu'uns de ceux qui sont plus sensibles, pour avoir esté fait à nos yeux en ce siecle dans lequel nous vivons, & ils serviront à nous faire voir, que pour tous ceux qu'elle a fait en ce saint lieu dans les siêcles precedents son pouvoir n'en est pas racourcis, & qu'elle y a toûjours les yeux ouverts pour y voir nos besoins, les oreilles

attentives

attentives à nos humbles Priéres, & le cœur préparé à nous accorder ce que nous luy demandons.

Je mettray la Famille de Veroncourt en tête, comme celle de tout le Païs laquelle à receu plus de graces de la Ste. Vierge de Sió au commencement de ce siecle. En l'an 1605 une jeune Fille de cette Maison fut travaillée d'une maladie si aigüe que les Medecins apres avoir en vain employé toutes leurs industries, en desespererent entierement. Madame de Veroncourt, la Mere de la malade, sensiblement touchée du peril évident ou elle se trouvoit de perdre une fille qu'elle aimoit tendrement, se souvient de la Ste. Image de Marie, qu'elle avoit au Voisinage, (Veroncourt n'étant qu'à une demie lieüe de la Montagne de Sion) Elle implora avec instãce le secours de celle qu'elle represente, y envoya ses Vœus, & y fit porter la malade pour l'exposer aux yeux de la Mere de la misericorde, & elle en receut un secours si prõpt, que l'Enfant ayant demandé qu'on l'ôta de dessus ses coussins, alla s'asseoir sur le Marchepied de l'Autel, où son Visage devint en un instant frais & vermeil, & receut ensuite une parfaite guerison, contre l'attente des plus habiles Medecins, & de tous ceux qui l'avoient vûë en l'état de sa maladie.

Guerison de plusieurs maladies en une même famille.

A quelque temps de là, la Mere eut besoin

M

de recourir pour elle même, où elle avoit trouvé la santé pour sa Fille, il luy survient au côté droit au dessous des côtes comme une glande, qui pour n'être pas en son commencement de grosseur, ny de douleur considerable fut negligée pendant quelques années, durant lesquelles, elle s'acrût peu à peu, & approcha de la grosseur du point, causant pour lors des peines si violentes à cette Dame, qu'elle en perdit le repos, & étoit souvent reduite jusques aux extremités: cette masse consultée par les plus habiles Medecins & Chirurgiens du Païs, fut jugée incurable, & pas un ne voulut entreprendre d'y toucher, n'esperant pas d'autre fruit de leurs soins, que l'avancement du trépas de la Dame, laquelle jugeant alors qu'elle ne gueriroit donc que par miracle, eut recours à celle qui en avoit fait un en la guerison de sa Fille, elle la conjura de vouloir bien en faire un second en sa personne, elle se fit porter de Nancy à Sion, pour en solliciter la grace sur les lieux, elle sentit de grands soulagemēts au premier voyage qu'elle y fit, & au second qui fut depuis Veroncourt elle receut une parfaite guerison, cette tumeur ayant entierement disparu.

Elle eut ensuite ses deux Fils tres-malades en la même Ville de Nancy. Elle eut recours à Nôtre-Dame de Sion son refuge ordinaire qui les rétablit en santé, selõ le desir de la Mere, & les ayant emmenés tous deux à Verõcourt, pour delà les faire passer aux Pieds de la Ste. Image ; pour rendre graces a leur bienfaictrice, ils y retomberent malades plus dangereusement qu'ils ne l'avoient été, les remedes humains remirent bien-tôt le plus jeune sur pied, mais l'aîné au lieu d'en profiter, empiroit tous les jours, & son mal alla à une Paralisie, qui le menaçoit de tenir ses membres en interdition. Sa bonne Mere en cette affligeante conjoncture, n'oublia pas celle qu'elle sçavoit s'être constituée le salut de sa famille ; Elle vint à Sion lui dire en soûpirant, l'état ou se trouvoit son fils, & la conjura de vouloir le guerir, la chose se fit comme elle l'avoit souhaité, car à son retour elle le trouva en parfaite santé, cela arriva en l'an 1614.

Une de ses filles nommée Agnes qui avoit épousé Monsieur de Remencourt, fut en 1624 par une hydropisie formée, tellement enflée par tout le corps, que c'étoit un prodige de la voir, & un sujet aux Medecins de desesperer de sa guerison. Elle sçachant l'endroit ou sa Mere l'avoit trouvée pour elle, & pour ses autres Enfans, s'y fit conduire, Elle y fit ses priéres devant la Ste Image, avec une entiere confiance, & elle receut de Marie ce qu'elle en desiroit, qui fut une parfaite guerison du mal qui l'affligeoit contre l'attente des Medecins.

En une autre rencontre, la même Dame de Veroncourt venant au St. mót de Sion avec sa fille Anne, femme de Monsieur de la Chauffée Gouverneur de la Fauche, elles eurent toutes deux la devotion d'y monter à pied, pour donner par la des marques plus sensibles de leur respect à celle qu'elles venoient y visiter : Elles descendirent pour cet effet de Carosse au pied de la montagne, dans lequel elles laissèrent Françoise autre fille de ladite Dame de Veroncourt, qui épousa dans la suite le Comte de Ligneville; & Marie fille de la Dame de la Chauffée, ne jugeant pas que ces deux jeunes filles pûssent pour leur delicatesse, monter comme elles à pied; le Cocher cherchant pour lors à se mettre au grand chemin pour les rendre plus commodement au haut de la montagne, il arriva que les Chevaux prenant tout à coup le mors aux dents, se jetterent soudainement aux champs, sans qu'il pût les arrêter de son siege, ny à pied, il en fut même terrassé foulé, & tout froissé en plusieurs parties de son corps, ce qui luy ôta la parole & le jugement; la Damoiselle Françoise de Veroncourt se coulant adroitement du Carosse, se tira du danger & y laissa sa Niepce Marie de la Chauffée, laquelle fut emportée parmi les debris du Carosse & trouvée sur l'écluse d'un petit Moulin voisin de la montagne soubs l'imperiale qui y avoit été jettée; les deux Meres furent averties en l'Eglise de Sion, où elles faisoient leurs priéres, de ces tristes nouvelles. Le remede qu'elles jugerent devoir apporter à ce deplorable accident, fut d'implorer la misericorde de celle qu'elles y étoient venu visiter, & peu de temps apres elles apprirent qu'elle y avoit donné un secours si à propos que les deux filles n'avoiët point eu d'autre mal que celuy de la peur, que le Cocher avoit recouvré la parole, & que les Chevaux étoient arrêtes. Toutes ces graces & bienfaits accordés par la sacrée Vierge à la famille de Veroncourt furent deposées, affirmées, & attestées par ladite Dame Alix de Bouvet Dame de Veroncourt, pardevant Venerable Messire François le Loup Protonotaire du S. Siege, & Chanoine de l'Insigne Eglise Primatiale de Nancy, & Messire Jean Pageot Curé de Veroncourt, George Marcand, Curé de St. Sebastien de de la Ville neuve de Nancy, Noble Henry Mousin, & autres.

Cette famille ne fut pas ingrate envers Marie de tant de faveurs qu'elle avoit reçeu d'elle, Monsieur de Veroncourt luy fit present d'un grand Manteau de Satin incarnat blanc; Madame sa Femme luy donna deux grands Carreaux à fleurs de Soye, bordés de franges vertes & un petit Navire d'Argent doré fort curieusement travaillé, Madame de la Chaussée une de ses filles luy donna un Parement d'Autel rouge velouté avec un fond d'Argent, & aussi une piece d'Ecarlate à bandes de broderie pour servir à faire une Robbe à la Ste. Image, & la Dame de Veroncourt luy fit encor present d'une Robbe de Satin rouge, avec une bande tout autour de Satin gris découppée, & un Passement d'Or & d'Argent.

Guerison d'un noli me tangere.

Au commencement de ce même siecle, une Princesse d'un merite distingué, Belle-Sœur au Prince de Salm, sentit aussi les effets de la main toute-puissante de cette même Vierge, l'ayant reclamée à son aide pour être guerie d'un fâcheux mal, duquel elle fut longtemps travaillée, qui luy rongeoit le sein, mal, d'autant plus affligeant qu'on n'ose y porter la main, & qui s'irrite dés qu'on veut le toucher, ce qui a donné lieu aux Medecins de l'appeller *noli me tangere*, voulant par ce nom marquer que leur art ne peut rien contre luy; en effet, ils n'avancerent de rien à le guerir quelque soin qu'ils y eussent apporté, de sorte que cette pauvre Princesse n'attendant plus rien de leur industrie, se preparoit à une mort necessaire. En cette extremité le Ciel luy inspira de recourir ailleurs qu'aux Medecins de la Terre, & puis qu'elle avoit au Voisinage du Château de Neuvilé ou elle étoit, une

Image miraculeuse de la Ste. Vierge sur le mont de Sion, de reclamer son secours, elle le fit, & elle sentit bien tôt que son mal ne devoit pas être appellé de la sorte qu'on le nomme pour la main de Marie, car elle en fut miraculeusement guerie aussi tôt qu'elle l'eut invoquée, elle ne manqua pas à publier la gloire de sa bien-faictrice, & à la reconnoître par quelques presents de Vermeil doré, qu'elle fit poser à ses pieds, outre un Plat-bassin & deux Burettes d'argent doré qu'elle donna pour servir à l'Autel.

La Maison de Bassompiere est aussi redevable à cette même Vierge de Sion, elle conserve encor aujourd'huy la memoire d'un bienfait qu'elle à receu autrefois, en faveur d'un Enfant qui avoit perdu la vie, au même endroit ou elle luy avoit été donnée avant qu'il vit le jour, il fut apporté aux pieds de la Ste. Image, en fort grande compagnie, ou sur les priéres qu'ō fit à celle qu'elle represente, il dóna des marques si sensibles du recouvrement de la vie qu'il avoit perdu, qu'il receut la grace du Baptême. C'est ce que deposerent dans les formes tous ceux qui en furent les témoins oculaires qui étoient en fort grand nombre. *un enfant mort de la maisõ de Bassõ-piere reçoit le baptesme.*

Au Village de St. Epvre lés Toul, la Damoiselle Elisabeth Noël, femme de Nicolas Pantaleon, Procureur du Sr. Abbé de St. Epvre, fut cruellement tourmentée d'une flu- *femme paralitique de la Ville de Toul guerie.*

xion qui luy étant tombée fur la moitié du corps du côté droit depuis la ceinture en bas, l'avoit renduë percluſe, & privée de tout mouvement, & de tout ſentiment. La crainte qu'elle eut de demeurer en ce pitoyable état le reſte de ſes jours, luy fit eſſayer tout ce qu'ó jugea pouvoir être util à ſa gueriſon; toutes ces épreuves neantmoins ne luy ſervirent de rien, ſinon à jetter ſon eſperance en Dieu, puis que la Medecine ne luy en donnoit point Elle reclama le crédit de ſa Mere & fit Vœu d'en viſiter l'Image ſur le mont de Sion, ou elle promit de faire offrir le Sacrifice de ſon Fils, pour ſe diſpoſer à la reception de la grace qu'elle luy demandoit, Elle ſe mit en chemin pour ce voyage en la ſepmaine de la Paſſion ſur la fin du mois de Mars en l'an 1609 accompagnée de ſa mere, & de quelques autres femmes, & étant arrivée au lieu ou elle s'étoit promiſe de trouver le remede, elle ſe proſterna comme elle pût devant la Ste. Image, pria la Mere du Sauveur, tandis qu'on luy preſentoit le Sacrifie de vouloir la guerir de ſon infirmité, & fit tout ce qu'elle pût pour n'être pas indigne d'en recevoir la grace. Peu de temps apres la Meſſe elle ſe trouv. en état de ſe tenir ſur ſes pieds, elle marcha ſans douleur, & fit le tour de l'Autel, y laiſſa ſon Offrande, qui fut vne Aube fort fine, & ayant remercié ſa bienfaictrice, dont elle baisa amoureusement les pieds, par le secours d'une petite échelle qu'elle dressa elle seule, & qu'elle monta sans être aidée de personne, elle descendit la Montagne, & fit voir à toute la Ville de Toul ce que peut la Sacrée Vierge en faveur de ceux qui l'invoquent avec confiance en leurs necessités. La declaration de ce Miracle fut Authentiquement dressée par le Sieur Claude Guyot Archidiacre de Vitel, Chanoine en l'Eglise de Toul, Vicaire general, & Official le dixhuictiesme d'Aoust de l'an susdit 1609, & signé de luy, & plus bas par Midot avec paraffe, & scellé du grand sceau de l'Evesché.

En la même année le cinquiéme de Juin, un prodige assé semblable fut vû en une autre femme de la Paroisse de St. Amand de la même Ville de Toul; on la nommoit Barbe Bourguignon, femme de Pierre surnommé aussi Bourguignon. Une si grande abondance d'humeurs luy tomba sur les jambes, qu'elle en perdit tout le mouvement, & elles ne servirent plus aussi bien que ses pieds, qu'à luy faire souffrir des douleurs tres-sensibles. Elle fut en cet état, sans pouvoir sortir de sa maison, l'espace de huit mois, le mal sans doute luy eut moins duré, si elle se fut avisée plûtôt d'implorer le secours de Marie, elle le fit, & s'engagea de visiter sa Sainte Image à Sion si elle daignoit bien la guerir, elle s'y fit

Autre femme paralitique du même lieu guerie.

conduire accompagnée de sa fille, & de quelques autres personnes. Arrivée sur la montagne, vers les cinq heures du soir, elle se fit mettre les jambes & les pieds nuds, & se porta de son mieux sur ses potences à l'Eglise ou elle exposa aux yeux de la Sainte Vierge, le mal qu'elle enduroit, & la supplia instamment de vouloir l'en guerir. Le l'endemain elle se prepara à la sainte Communion, par la Confession de ses pechés, & par les deux Sacrements à l'effet de la grace qu'elle demandoit à Jesus par sa Mere laquelle luy fut si efficacement accordée, qu'avant que de sortir de l'Eglise, elle vit & fit voir à tous ceux qui s'y trouverent, en la guerison soudaine de son mal, qu'il n'y a point de maladie que Marie ne guerisse quand elle en est priée, elle laissa ses Croces pour servir de Trophée dans le Temple de Marie. Elle s'en retira au Village de Saxon ou elle avoit couché, & de la chés elle sans nulle assistance de personne au grand étonnement de ceux qui l'avoient vû souffrir. Ce miracle fut fait en presence de Messire Nicolas Hachard Chanoine de Vaudemont, de Claude Viriot, Maire au Village susdit, de Sebastien Aubry, de Nicolas Houbeau, de François Sarrazin, de Jean Millot. & de plusieurs autres habitans dudit Saxon, qui furent témoins de cette merveille & signerent l'Acte qui en fut dressé.

En 1625 au mois de Juillet vne Damoiselle nommée Agnes Pantaleon, qui avoit eu vne jambe rompue, demeura fort affligée, de ce qu'elle avoit été si mal remise, quelle ne pouvoit du tout s'en servir, elle se fit apporter de St. Nicolas sur la Montagne de Sion, se confiant beaucoup en la bonté de celle qu'elle sçavoit y operer tous les jours vne infinté de merveilles, elle la pria prosternée devant sa Ste. Image, de vouloir bien porter les yeux sur elle, & en prendre compassion. A peine eut elle achevé sa priere, qu'elle trouva sa jambe malade aussy libre & preste à marcher que celle qui se portoit bien, comme elle en fit l'épreuve, s'en étant servie pour son retour au Village de Crespay, d'ou elle envoya vne attestation du Miracle passé, pardevant Benoit Notaire, & Signée de Messire Bonhomme Curé dudit Crespay & de Germiny, du Sieur Remion & autres.

autre femme guerie.

Vn Enfant est cher dans vne famille quand on l'a obtenu par grace speciale du Ciel, Monsieur & Mademoiselle Arnoul personnes Nobles, riches, & commodes à Mircour, en eurent vn de cette qualité qu'ils aymerent tendrement, comme vn present que Dieu leurs avoit fait, il fut élevé avec beaucoup de soin, par ce qu'il étoit vnique, & qu'on le regardoit comme celuy qui devoit être l'appuy de la maison ; cependant on ne pût le

maladie desesperée

garantir de la Maladie ordinaire aux Enfants qui est la petite verolle, il en fut violemment attaqué & elle fit de grands ravages chez luy jusque à porter son venin sur les parties nobles, tandis qu'elle defiguroit l'exterieur du corps, il fut pendant quelque temps sans donner aucun signe de vie, & les Medecins le trouverent si mal, qu'ils avoüerent franchement que s'en étoit fait, & que leur Art n'avoit point de remede capable de le garentir de la Mort, tous ceux qu'ils y avoient employé jusque à lors servant pluſtôt à l'avancer, qu'a la chaſſer. Le Pere & la Mere, que l'amour naturel empéchoit de pouvoir se resoudre à cette perte, ne laiſſerent pas de conserver vne ferme esperance de vie contre toutes les apparences d'une mort certaine, ils prierent la Ste. Vierge honorée sur le mont de Sion, de se rendre propice au salut de leur Fils, promettant de visiter sa Ste. Image, & de la reconnoistre de leur mieux, s'il luy plaisoit de favoriser leur vœu, en rendant la vie à cét Enfant. A peine eurent ils achevé leur Priere, que le mourant commença de parler, & dire qu'il se portoit bien, & demanda à boire & à manger, en presence de ceux qui l'avoient jugé à Mort; & de vray, il se trouva entierement rétabli, & en état d'accompagner en peu de jours son Pere & sa Mere qui vinrent remercier cette admirable Medecine qui leurs avoit si favorablement rendu vn Enfant que le Ciel leurs avoit donné, & que la mort prétendoit leur ravir. Ils fournirent vne declaration authentique de ce Miracle en 1629. & ne furent pas ingrats de cette faveur receüe, car en divers temps, ils firent de fort beaux presents à Marie, ils luy offrirent en vne occasion deux Chasubles, vne de Satin blanc garnie de petit Clinquant d'Or, doublée d'vn Taffetas Bleu, & vne autre de Satin Incarnat, parsemée de Fleurs de diverses couleurs, avec vne Aube de fine Toile d'Hollande à sept bandes de dentelle, dans la suitte, ils luy donnerent en outre vn devant d'Autel de Satin figuré, embelli de diverses Fleurs avec vn Passement d'Or par dessus, quatre voiles, vn de Gaze, d'Or & d'Argent, deux de fine Toile, & vn quatriéme de Satin figuré, bordé de passement d'Argent, & vne Nappe d'Autel, & quantité de serviettes fort fines pour les Communions. Et le Sieur Arnoul le Pere, s'étant vn jour trouvé aux pieds de la Ste. Image, il se sentit si vivement touché de la reconnoissance qu'il luy devoit que n'ayant rien en main pour la luy marquer qu'vne montre d'un asé grand prix il la mit à ses pieds.

Peu de temps apres, la Sacrée Vierge donna de nouvelles marques de son pouvoir en la méme Ville de Mircourt en la guerison d'un

Autre guerison miracu-

leufe d'un autre Enfant qui luy fut voüé en vne extre-
enfant en mité de Maladie ou il fe rencontra. Il étoit
la même Fils de Monfieur de L'Epée Confeiller au
Ville de Baillage de Vôge qui fe vit en peril de le
Mirecour perdre, quelque mois apres que Dieu l'en
eut gratifié, fur la priere qu'il luy en avoit
faite; on l'avoit remis à une Nourice qu'on
crût propre à luy donner de bon laict, & cette femme portant en fa chair la punition dont
Dieu la châtia, pour fes impuretés, luy communiqua un venin, qui ayant gagné les parties
Nobles de cet enfant, les infecta & corrompit
tellement que les medecins les plus habiles qui
furent appellés pour eſſayer de luy ſauver la
vie, en defpererent tout a fait; mais le Pere
& la Mere ne le firent pas, ils leverent les yeux
vers la Ste. montagne qu'ils avoient au voifina-
ge, d'ou ils crûrent que le fecours leurs viendroit ; à peine l'eurent-ils demandé à celle
dont l'image y eſt en veneration qu'ils le virent
entrer en leur maifon, l'enfant commença à
fe porter mieux, il leurs fit un petit foûris,
qui leur fut de bon augur dans un temps ou
chacun comptoit fur fa mort, & peu de temps
apres, il fe trouva parfaitement guerry, Toute
la famille vint pour remercier l'authrice de cette grace receuë, de laquelle ils laiſſerent une
atteftation, que toute la ville, convaincuë du
miracle auroit figné s'il eut été befoin, &
l'enfant devenu grand, & inftruit de cette faveur

de Marie, en conserva toute sa vie un juste sentimēt de reconnoissance, qu'il temoigna, en luy faisant don de quelques fonds de terre qui luy écheurent en partage au pied de la montagne.

Une Damoiselle nommée Bagard en la ville de Nancy veufve du sieur le Blanc, fut douleureusement travaillée d'une maladie qui luy dura deux ans, & qui se termina en une Paralisie qui luy ôta toute liberté de se pouvoir ayder en aucune façon, elle ne negligea rien pour se défaire avec l'aide des medecins d'un mal si affligeant, mais ceux-cy luy ayant franchement avoüé, qu'il étoit plus grand que leurs remedes; elle eut recours à Marie qui en a de plus salutaires que les leurs, & luy promit une neufvaine à Sion, si elle vouloit bien la guerrir, elle s'y fit porter, à peine eut elle commencé sa neufvaine, qu'elle sentit du soulagement, elle fut dans la suite en état de se confesser, & de Communier à genoux, & à la fin, si parfaitement guérie qu'elle descendit à pied, au grand étonnement de tous ceux qui l'avoient vû sans pouvoir se mouvoir. Ce miracle arriva en 1631. & fut attesté par Messieurs François le Loup Prothonotaire du St. Siége Apostolique, George Marcand Curé de Saint Sebastien à Nancy, Jean Pageot Curé de Veroncourt, Noble Henry Mouzin & François Henriquez aussi Notaire Apostolique.

femme paralitique guerie à Nancy.

La Damoiselle Madelaine Houdan natifve *femme de*

Toul guerie d'une maladie desesperée de Toul, demeurant a Gondreville, fut malade d'une fievre continuë, qui fut telle, qu'elle la reduisit à l'extremité, elle se disposa à la mort sur l'avis des medecins, receut les Sacrements, & attendoit l'heure en laquelle Dieu devoit l'appeller à soy; elle fut en cet état visitée par une sienne Sœur qui demeuroit à Toul, laquelle se souvenant des graces que son mary, maître George Michel Apoticaire audit Toul, avoit receu en pareille occasion, de la sainte Vierge de Sion, luy conseilla de luy adresser ses vœux, & d'en promettre le pelerinage s'il luy plaisoit de luy rendre la santé. Elle le fit, & à l'heure même elle fut saisie d'un doux sommeil qui luy dura quelque temps, au retour duquel, elle se trouva entierement delivrée de sa fievre, avec un peu de foiblesse, & sans aucune douleur, apres quoy assistée du sieur Theodore Michel Prevôt de Gondreville, de son Fils, des Damoiselles Marguerite Guastin veufve du sieur de Verdelet, de Beatrix Bresson, & d'Anne Roch; elle vint rendre ses vœux & actions de graces au saint temple de Sion, à celle qui l'avoit misericordieusement exaucée, & signa sa deposition avec les surnommés, qu'elle remit aux superieur, & autres Religieux Prêtres demeu-

une jeune fille guerie de convulsions. rants pour lors au Convent de Sion en l'an 1633.

L'année suivante une jeune fille au Village de Tantonville, assé prés de la montagne fut extraordinairement incommodée de convulsiós &

& de tremblememt presque continuels, en- sorte qu'elle ne pouvoit parler, reposer, ny se tenir debout, & fut en cette état l'espace de trois mois, sans que les remedes humains ayent pû la soulager. Sa mere nommée Marguerite Vergier, tournant ses esperances vers le Ciel, la voüa à nôtre Dame de Sion, & l'y ayant portée le jour de Saint Jacques Apôtre, & couchée sur un linge devant la sainte Image, tout à coup l'enfant se leva sur ses pieds, & commença à parler, & à marcher, ce qui fut vû & admiré de tous les asistans, qui benirent la Souveraine operatrice de ces merveilles. Ainsi l'assura le sieur Curé de Tantonville, Notaire Apostolique, certifiant avoir vû ladite fille affligée comme il a été dit, & ensuite parfaitement retablie en santé, ce que firent aussi Messire Didier Colot, Curé de Forcelles saint Gorgone, David Poirson Bourgeois de Vezelize, & autres qui signerent tous leur déposition.

Une jeune fille guerie de convulsion.

En 1637. la Comtesse de Tantonville eut sa fille, la Marquise de Remauville très-malade, l'apprehention qu'elle eut de la perdre, fit qu'elle n'épargna rien, pour la tirer de l'extremité où elle la voyoit; les Medecins les plus habiles qu'on fit venir de toute part, n'en attendant plus rien; elle la voüa à la sainte Vierge de Sion, elle en promit le voyage, sur l'esperance du secours dont elle avoit

Guerison Miraculeuse de la Marquise de Remauville.

besoin, elle le receut, & satisfit à son vœu, ayant, outre sa deposition fournie, mit un cœur d'argent aux pieds de la sainte Image pour action de graces, qui marquoit qu'elle luy devoit le sien comme à sa bien-factrice.

Soldats délivrés Miraculeusemēt de leur prison.

Quelques jeunes gens de la Comté de Vaudemont, au nombre de sept, ayant fait partie d'aller joindre les troupes Lorraines, que le Duc Charles commandoit en Flandre, furent receus en une même Compagnie, ou ils servirent durant quelques années. Une occasion les ayant mis aux prises avec les ennemis, ils eurent le malheur d'estre faits prisonniers avec quelqu'autres du Regiment; on les enmena en Picardie, ils furent mis au bas d'une Tour fort élevée, ou ils souffrirent toute sorte de rigeur, sur le refus qu'ils firent de prendre party, ne pouvant se resoudre à servir contre leur Prince : desolez en cette sorte jusque à l'extremité, ils se souvinrent de Marie & de sa sainte Image reverée sur le mont de Sion, au milieu de leur païs, ils l'invoquerent avec confiance, la conjurant de venir à leur aide, & de briser leurs chaines en les tirant de leur captivité. Marie entendit leurs clameurs, elle en eut compassion, & les mit en liberté, car s'étant endormis, ils trouverent à leurs réveil les portes de leur cachot ouvertes, ils en profiterent, & ne pouvant douter que cela n'eut été fait par la main

toute puissante de celle qu'ils avoient recla-
mé, ils vinrent aux pieds de sa sainte Image, y
apporterent le remerciment qu'ils luy devoient
de la grace qu'ils en avoient receu, delaquel-
le, ils fournirent une declaration qui ne se
trouve point signée du Geolier, nonplus que
de leurs Gardes, étant partis sans dire adieu,
& sans avoir pris congé de personne.

Un Religieux Cordelier nommé Frere Anselme du Convent de saint François de Vic
en l'année 1644. après une assé longue maladie *Un Reli-*
tomba dans une Paralisie, tout à fait affligeante, *gieux*
ensorte que toutes les parties de son corps, *cordelier*
étoient en un tremblement perpetuel, sans
qu'il pût se servir de ses bras ; il ne fut pas *gueri de*
negligé en cette indisposition, on usa de tous *paralisie*
les remedes qu'on jugea capables de le guérir,
mais en ayant reconnu l'inutilité, & qu'il ne
gueriroit que par miracle, il s'adessa à la sainte
Vierge de Sion, qu'il cõjura instãmẽt de vouloir en faire un en sa faveur, luy promettant,
qu'il en feroit le voyage pour l'en remercier;
sa priere fit le premiere appareil à son mal, &
la grace de Marie le second, il sentit sur l'heure
même un grand allegement au bras droit,
qu'il ne pouvoit du tout mouvoir auparavant,
il en avertit son Superieur, & le pria de luy
permettre d'accomplir son vœu, ce que non
seulement il fit, mais il voulut même l'accompagner en cette sainte action avec quel-

ques autres personnes devotes, qui leurs donnerent voiture pour le voyage. Etant arrivés assé matin au pied de la montagne, le malade, dont la confiance s'étoit accrüe le long du chemin, tira hors ses bras d'une serviette qui les soûtenoit, & les porta aisément sur sa tête & aillieurs, & s'écria plein de joye qu'il étoit guerit, & de fait il vint sans nulle peine à l'Eglise, ou il se confessa & communia, & rendit mil actions de gaace à Marie. Ce miracle fut attesté par le Reverend Pere Dominique Gardien du Convent des Religieux Cordelier de Vic, par le Frere Anselme, qui en avoit receu la grace, par les Sœurs Claude Malcler, & Angelique Ponel, toutes deux Religieuses de saint François du Convent de Nancy, presentes à ce miracle & par d'autres, & signé par Margand Tabellion Royal avec paraphe.

Un Religieux Capucin gueri d'une sciatique.

Cette guerison miraculeuse arrivée à un Religieux de saint François me donne lieu à en marquer une autre en la personne du Reverend Pere Ambroise, de Châtillon, Religieux Capucin, lequel fut pendant plusieures années cruellement tourmenté d'une goutte sçyatique sans que tous les remedes humains qui ne luy furent pas épargnés (Monseigneur le Duc Eric de Lorrainne y ayant employé sa bourse & son credit, pour l'affection qu'il luy portoit) y ayent pû apporter aucun soulagement, pressé des douleurs continuelles qu'il en recevoit, il s'adreſſa au Ciel, voyant que la Terre ne luy étoit pas favorable, il conjura la mere de Dieu de luy vouloir obtenir de ſon Fils la gueriſon d'un mal, qui ne luy donnoit point de relâche, luy promettant qu'il viendroit luy rendre ſes honneurs devant ſa ſainte Image ſur le mont de Sion; il ſentit dez lors quelque adouciſſement en ſon mal, & deſirant de s'en voir entierement delivrée; il acquitta ſa promeſſe avec beaucoup de peine, ſe rendant à Sion, ou il renouvella ſa demende à la ſainte Vierge avec beaucoup d'inſtances, & luy fit vœu de Celebrer quinze Meſſes à ſon honneur, & engagea ſon compagnon à pareil nombre, ſi elle vouloit bien luy rendre la ſanté; il fut exaucé en ſa demáde, car il ſe trouva dez lors parfaitement guerri, & laiſſa pour trophée dans le Tẽple le bâton qu'il n'avoit point quitté depuis longtemps, & ayant été éleu pour exercer la charge de Provincial en ſa Province, il fit toutes ſes viſites à pied; ce qui fut atteſté par une lettre écrite par ſon Ordre aux Religieux du Convent de Sion, par le Reverend Pere Bernard de Mouzon, de Metz le vingt-deuzieme de Septembre de l'an 1634. laquelle eſt conſervée dans les Archives du ſuſdit Convent.

Et ſemblablement auſſi la depoſition de Meſſire Sebaſtien Martin Curé de Barbonville en

Un Curé guerí de ses ulceres a une jambe. laquelle il declare qu'ayant été tres-lomgtemps incommodé d'Ulceres en une jambe ausquelles il ne put jamais trouver de remedes, quelque soin qu'il prit d'en rechercher; il vint de Vaudemont à Sion pour y implorer le secours de Marie, avec une fille devote, nommée Anne Clochette sa Niepce, & un sien petit nepveu nommé François Rouyer le sixieme de Septembre de l'an 1647. & passant au dessus de la Fontaine qui est sur le penchant de la montagne, au bas du grand chemin, il fut porté par la susdite sœur Anne d'y décendre, & d'y laver sa jambe, de l'eau qu'il en tira, & sur laquelle il mit pour dernier appareil son mouchoir trempé dans la même eau, & ensuite il passa devant la sainte Image, & conjurant celle qui y est representée, de vouloir luy faire la grace, que ce fut la le dernier remede qu'il auroit à appliquer à son mal, la chose luy fut accordée comme il la souhaitoit, car voulant faire panser sa jambe, le lendemain à l'ordinaire, il la trouva saine & entiere, & parfaitement guerrie, ce qu'il attesta sur son Serment en presence de Messire Martin, Doyen & Curé de Mircourt, Notaire Apostolique, & du sieur Tournay Prêtre, de Maître Jean Vivant, & de Claude Martin Bourgeois de Mircourt, qui ayant vû le mal en admirerent la guerison avec beaucoup d'autres, & signerét tous ladite deposition.

Le huitieme d'Aoust de l'an 1647. compa- *un enfât*
rurent en perſónes en la ville de Vezelize, Jean *Paraliti-*
Calot Tailleur d'habits, & Claude ſa femme, *que de*
pardevant Meſſire Chreſtenoy Doyen du Sain- *Vezelize*
tois, & Curé de ladite ville de Vezelize, *gueri.*
commis pour cette part de Monſieur Midot
Vicaire General de l'Evêché de Toul, leſquelles declarerent & certifierent par Serment,
qu'il leur ètoit né de leur mariage, un fils
nommé Nicolas, lequel dez ſa naiſſance avoit
paru fort difforme, & ayant les jambes croi-
ſées, enſorte qu'il ne pouvoit marcher, qu'appuyé ſur des bâtons, ce qui leur avoit cauſé
beaucoup de triſteſſe, & obligé à partager le
peu qu'ils avoient avec les Medecins & Chirurgiens, pour tenter de mettre par leurs
moyen les jambes de ce petit corps en leur forme, & en la ſituation ordinaire que la nature
leur donne; & s'étant apperceus que ceux-cy
avoient fort inutilement travaillé à ce deſſein,
le mal s'ètant trouvé plus fort que toute l'in-
duſtrie de leur Art dans des membres ſi foibles;
ils s'étoient adreſſés à la Mere de Dieu, venerée en la ſainte Image ſur la montagne de Sion
diſtante ſeulement d'une lieu de Vezelize, ou
s'étant tranſportés avec leurdit enfant ſur la
fin du mois d'Aoust de l'an 1644. ils la prierent bien inſtamment de leur accorder gratui-
tement ce que leur argent n'avoit pû recevoir
de l'art des Medecins, ce que la ſainte Vierge

leurs avoit favorablement accordé ; l'enfant ayant obtenu á quelques jours de la, sur la confiance de ses parents une entiere guerison, ses jambes s'étant trouvées tout a coup droites, & en état de luy donner la facilité de marcher librement & sans peine, ce qui parut aux yeux de toute la ville de Vezelize. En foy dequoy led. sieur Chrestenoy cy-devant denómé dressa son acte en presence du sieur Jean Bourcier Lieutenant General au Bailliage de la Comté de Vaudemont, d'hónorable Jean Munier, Maire de ladite Ville, de Barbier Tabellion au Duché de Lorraine commis Greffier pour cette part, & autres témoins lesquels signerent & deposerent avoir vû l'enfant susd. dans l'état de son infirmité, & pour lors miraculeusement gueri.

un enfãt garanti de mort tombant de fort haut.

En la mème année la femme d'un Boucher nommé Lucas en la ville de Mircourt fort devote à nôtre Dame de Sion, & dont le nom luy étoit assé ordinairement en bouche ; vint accompagnée de quelques autres la remercier en son Temple de ce qu'à l'invocation de son seul nom elle avoit vû de ses yeux une siéne petite fille tomber d'une fenêtre d'une châbre haute sur le pavé sans se faire aucun mal, ce qu'elle attesta être seur, & être venüe expres avec l'enfant pour en reconnoître la grace, au mois de May de l'an susdit.

Environt ce mème temps deux familles vinrent succeſſivement de deux divers endroits, *deux hō-* ſçavoir de Mircourt & du voiſinage de Vic *mes tom-* rendre leurs vœux a Marie, & la remercier *bés en* d'une même grace, qu'elles avoient receuës *delire* de ſa bonté, en la gueriſon d'un mal d'autant *delivrés.* plus facheux qu'il prive ceux qui en ſont attaqués de ce qu'ils ont de meilleur & de plus excellent: c'eſt des plus nobles fonctions de cette partie par laquelle nous reſſemblons aux Anges, par le dereglement qui ſe trouve en celle qui nous ègale aux bêtes. Un jeune homme de l'une de ces familles perdit le ſens dans la vigeur de ſon âge, & tomba en delire, en cette vigoureuſe diſpoſition ou la nature l'avoit amené, il ſe rendit tres facheux & incommode par les forces extraordinaires, que cet accident adjoûta à ſes premieres que ſon âge luy donnoit; pluſieurs mois s'écoulerent en de vaines épreuves de remedes qui ne changerent rien en cette affligeante maladie, ſi bien qu'on craignit que ſa vie & ſa folie ne dûſſent avoir un même terme. Le chef de l'autre famille, perdit demème la raiſon, mais ce ne fut pas à des conditions ſi embarraſſantes, comme l'accident luy arriva enſuite d'une maladie qui l'avoit fort abbatu, il ne luy cauſoit aucontraire que d'extremes foibleſſes, enſorte qu'on n'avoit nul beſoin de le lier comme le premier; toutes ſes extravagances ne paroiſſoient qu'aux mouvements de ſa langue, qui faisoiët bien voire que son juegmët étoit en interdit. Les parents de tous les deux aprés de lōgues experiences, ne cōprant plus rien sur les remedes de la terre, reclamerent le secours de celle en qui la Sagesse de Dieu est devenuë folie pour le salut des hommes, la conjurant que puis qu'elle étoit par la devenüe assé puissante pour rendre l'usage de la raison à ceux qui l'ōt perdu, elle voulut bien en gratifier ces particuliers, que leurs intentions luy marquoient. L'invocation de son nom, la ferveur de leurs prieres, & le vœu qu'ils firent de venir visiter sa sainte Image sur le mont de Sion, & d'allumer quelques Cierges devant elle, les remirent en un instant en leur premiere état. C'est ce qu'ils attesterent en satisfaisant à leus vœux en presence de plusieurs personnes qui les accompagnerent, & qui ayant vû le mal voyoient aussi la guerison.

Guerison Miraculeuse faite à Rome.

Il va paroître par la lecture du miracle, dont je vay joindre la description à celle de tous ceux qui l'ont precedé, que la vertu de Marie Mere de Dieu est sans bornes, & sans limites, & qu'il n'y à point d'endroit dans l'univers, ou (semblable au Soleil qui porte les traits de sa lumiere par-tout) elle ne puisse atteindre. Le sieur François Henriquez expeditionaire en Cour de Rome, & Notaire Apostolique imatriculé en l'Archive de la même Cour, partit en l'an 1627. le treizi eme d'Avril, de Nansy pour Rome, ou il arriva en parfaite santé, & ou aprés quelques années de sejour, & notamment en celle, en laquelle en moins de trois mois plus de vingt mil personnes moururent; il fut atteint de la maladie qui faisoit perir tant de monde, tombant d'heure à autre en des convulsions si étranges, qu'on ne crût pas qu'il dût échaper la mort sur l'advis des medecins, se souvenant alors de la sainte Image de Sion, qu'il sçavoit être si fameuse en Lorraine, par l'operation continuelle de ses miracles, il en implora le secours, & fit vœu d'y envoyer quelqu'un pour en faire le pelerinage en son nom, & d'y venir quelque jour luy-même en personne, lors qu'il seroit de retour au païs, s'il luy plaisoit de le vouloir garantir de la mort, en luy obtenant de son Fils, le recouvrement de sa santé : sur l'heure même, il se sentit mieux disposé, & se trouva en peu de jours parfaitement rétabli; ce qu'attribuant avec justice à l'intercession de la sainte Vierge, veu que tous les remedes humains, qui n'avoient point été épargnés, n'avoiët servi de rien, il écrivit au sieur J. Henriquez son Cousin Curé d'Orme pour l'engager à passer sur le mont de Sion pour y presenter ses actions de graces à sa bien-factrice, ce qui fut effectué, & étant de retour au païs, il s'acuita luy-même de ce voyage, & vint remercier celle, à laquelle il se tenoit redevable de sa guerison. Attestant par serment, le tout être, comme il est porté en la declaration qu'il en fit en presence des Religieux, du sieur Martin Barisien Prothonotaire du S. Siege Apostolique, Chantre & Chanoine de S. George à Nancy, de noble & venerable personne Messire Claude Breton doras Aumonier de l'Imperatrice Eleonor, de Venerable Messire Didier Frison, aussi Chanoine de S. George de sisson, & autres à ce presents, lesquels tous signerent l'Acte qui en fut dressé le 11. de Septembre, del'an 1655.

S'il y a quelque malheur à être plus particulierement deploré sur la condition de l'homme c'est de voir que la mort soit capable de luy ravir la vie dans le momêt qu'il en prend possessió & qu'elle luy fasse trouver le tombeau au lieu même ou il recoit le premier bien faict des mains de la nature, c'est la fatalité qui arrive à ces miserables enfants que nous nommons vulgairement morts-nez, dont le malheur est d'autant plus grand qu'il les prive de la vie en cet occasion auparavant que d'être regeneré en l'ordre de la grace par la mort que Jesus-Christ à souffert pour le Salut des hommes. En ce cas on peut dire que Marie sa sainte Mere, touchée de l'état de leur infortune, ne sçauroit leurs obtenir de ce cher Fils un bien-faict plus important que le retour de leurs ames en leurs corps, au moins pour le temps qui est necessaire pour leurs faire recevoir la grace du Bap-

plusieurs enfants mort-nés ont receu de Baptême.

tême ; c'est une faveur qu'elle à tres-souvent obtenuë à plusieurs de ces malheureux en l'Eglise de Sion, sur les Prieres qui luy en ont esté faites, & même dans les siecles passés aussibien que dans le nôtre. Le dix-septieme de May de l'an 1645, un enfant en cet estat de mort, qui estoit de Jean Salomon, & de Catherine Bontemps, fut apporté du Village de Houssainville, aux pieds de la sainte Image ou il receut le Baptême sur ce qu'on s'apperceu tres sensiblement qu'il changa de couleur, tandis qu'on prioit pour luy, car de noirâtre qu'il êtoit, il devint rouge & blanc, qui sont les couleurs de celuy qui luy vouloit faire grace, & jetta du Sang fort rouge par le nõbril; c'est ce que deux Notaires Vitel, & Colin attesterent, s'estant trouvez present à ce miracle, avec beaucoup de peuple.

Le vingt-cinquiéme Novẽbre de l'an 1646. l'enfant de Françoise Nissaire, fille de Cuny Nissaire, Mûnier au Moulin de l'Etange, ayant esté apporté en l'Eglise de Sion, pendant un fort grand froid, & mis aux pieps de la sainte Vierge, y donna devant tout le peuple, des signes si apparents de vie, qu'il receut la même grace

Le dix-neufvieme de Mars, de l'an 1647. un autre enfant mort-né qui estoit de Marguerite Houbeau du Village de Saxon, ayant esté apporté de Gouillè à Sion y fut aussi baptisé sur ce qu'on sentit sur son corps une assez grande chaleur qui fut jugée être une marque fort sensible de vie, estant froid comme un mort auparavant.

Celuy de Demange Roüyier, & d'Anne Denis sa femme, habitants de Boulaincourt, fut aussi quelque temps aprez baptisé sur le même indice, & pour beaucoup de sang qu'il versa en presence de tout le peuple.

Antoine Digny de Diarville, ayant apporté le vingt-neufvieme d'Aoust de l'an 1649. son enfant en ce même estat de mort aux pieds de la même Image, où il resta depuis les six heures du matin jusque à neuf, continuant ses prieres avec une grãde ferveur, obtint la même grace de pouvoir luy faire recevoir le Baptême, qui luy fut conferé par le R. P. Albert de Nancy Superieur de la maison de Sion, sur ce qu'on vit à l'heure susdite une couleur rougeâtre paroître sur le frod de l'enfant, qu'on sentit de la chaleur par-tout son corps, & qu'on luy vit jette- beaucoup de sang. Ainsi l'attesterent plusieurs personnes qui s'y trouverent presetes.

Les enfants de Jean Saucourt & de Margueguetitte sa femme Bourgeois de Vezelize, & Didier Raulin & de Marie sa femme Habitants de Favierre receurẽt la même grace le cinquieme & le vingt-septieme de Février de l'an 1648. sur des marques aussi sesibles que les precedentes. Je pourrois rapporter icy grand nõtre d'autres miracles de même nature, si je ne cragnois de lasser l'esprit du Lecteur, les Registres se trouvât chargés de beaucoup d'autres semblables faveurs accordées par les intercessions de Marie à des enfants mort-nés à Vaudemont, à Sorcy, à Prayé, à Saxon, à Tantonville, à Siraucourt, à Marainville, & autres lieux voisins.

La guerison de l'aveuglement estant une faveur du Ciel d'autant plus precieuse que nous n'avons rien de plus cher que la veüe, la perte nous reduisant à la necessité de ne plus marcher ny vivre, que par le secours d'une main étrangere, il est certain qu'on ne sçauroit marquer trop de reconnoissance à Marie, quãd il luy plait de la procurer à ceux qui sont frappés de cette facheuse disgrace. Un Bourgeois de Vezelize fut contraint de recourir à elle en l'an 1651. pour en obtenir la grace. Il eut un enfant fort dangereusement malade, que les medecins retireret du peril de la mort par la bonté des remedes, qu'ils appliquerent à son mal. Mais estant retombé en un autre plus facheux que le premier, qui fut l'aveuglement, on y chercha en vain des remedes, puisqu'il ne s'en trouva point de capables de luy restituer ce qu'il avoit perdu, ainsi l'enfant eschapé de la mort se vit en danger de traîner une vie fort languissante sur terre, puisqu'on n'y peut plus goûter de joye, n'y de plaisir, ne voyant pas la

un enfãt de Vezelize Aveugle gueri.

lumiere du Ciel. (Comme Tobie reduit en cet état disoit autrefois) le Pere neantmoins ne desespera pas de la guerison de ce second mal arrivé à son fils ; il porta les yeux de son ame, vers cette belle aurore qui nous a produit le Soleil de justice, en même temps qu'il tourna ceux du corps vers la montagne de Sion, d'où il sçavoit que luy pouvoit venir le secours dont il avoit besoin, & pria Marie de répandre sur les yeux de son fils les Rayons de sa grace, & à peine y eut il appliqué un linge qu'il avoit fait porter sur cette montagne, pour le faire toucher à cette sainte Image, qu'il commença à voir, & se trouva avec des yeux aussi clairs voyans que l'on les pouvoit desirer; ainsi la priere de ce Pere fit venir dans sa famile la lumiere qui s'y étoit éclipsée, il en benit celle qui voulut bien l'exaucer en luy accordant une si grande & si prompte faveur sur laquelle il vint l'a remercier, & donna des assurances de ce miracle par sa deposition en presence des témoins qui le sçeurent.

un enfãt écrasé gueri.

En la même année 1651. au Village de Cuveilloncourt proche de Vezelize, un enfant fut écrasé sous un char de Foin, qui étoit conduit dans la maison, ensorte qu'il ne paroissoit plus avoir aucun signe de vie. Le pere ayant vû ce malheur arrivé a son enfant & auquel il crut avoir cooperé, pour ne

s'estre

s'être pas bien observé, reclama la sainte Vierge honorée sur le mont de Sion, luy voila son enfant & la pria de luy rendre en vie, on le vit aussitôt palpiter, & revenant doucement, il fut trouvé sain & sauf, comme il l'a attesté.

Dans la même année au village de Pont sur Madon, un autre enfant étant tombé dans la Riviere, en un lieu fort profond, y devoit necessairement perir, si ses Pere & Mere qui le virent tomber, & accoururent en vain pour le sauver, ne se fussent soudainement addressés à celle qui a autant de pouvoir sur l'Onde, côme sur la Terre ; s'étant donc jettés promptement à genoux sur le rivage, le visage tourné vers Sion, ils prierent instament la sainte Vierge, de garantir leur enfant d'un cruel element, qui l'alloit engloutir, ils furent dans l'instant éxaucés en un peril si pressant, car ils virent l'enfant que les flots avoient comme soûtenu, revenir vers eux, conduit par une main invisible, qui le ramenant à bord, leurs rendit plein de vie ; peu de jours aprés le Pere & la Mere amenerent ce petit Innocent échapé du nauffrage, aux pieds de la sainte Vierge, sur le mont de Sion pont l'en remercier, & y laisserent la declaration du miracle.

un enfãt tombé en l'eau sauvé.

En 1661. le second de Decembre, Claude Olery & sa femme Anne Didier Bourgeois de Vezelize declarerent & certifierent par serment

Vn enfãt gueri de paralifie à Vezelize.

en prefence de Guerin Tabellion General au Duché de Lorraine, & bon nombre d'autres témoins, qu'il leurs étoit né de leur mariage, un fils nommé Nicolas, lequel étant parvenu à l'âge de trois ans & demy, fut frappé enfuite de la petite verole d'un mal qui luy rendit les jambes & les bras perclus de telle forte, qu'il ne pouvoit du tout marcher, fe tenir debout, n'y remuer les bras, fur quoy ils apporterent toute diligence à le faire revenir de cette indifpofition, par les remedes ordinaires, lefquels tous y furent inutilement employés, ce qui leurs cauſa de grands chagrins, pour la tendreffe qu'ils avoient pour cette enfant, & la mere en cette inquietude, s'étant trouvée à la Meffe en la grande Eglife de Vezelize fentit fon cœur doucement émeu par la Sacrée Vierge à luy prefenter fes vœux pour la guerifon de fon fils, ce qu'elle fit auffitôt, promettant de vifiter fa fainte Image à Sion, & de pofer fon enfant à fes pieds, pour y recevoir la grace qu'elle en efperoit, ce qu'elle executa; & pendant la fainte Meffe qu'elle y fit celebrer, l'enfant qui s'étoit endormi s'éveilla tout à coup, & dit à fa mere que la Vierge qui étoit la haut (on montrant la fainte Image) venoit de luy dire, qu'elle le gueriroit, & qu'il embrafferoit fon Pere retourné au logis, de vray, il fe trouva foudainement gueri, au grand étonnement de tous ceux qui fe trouverent en l'Eglise & rapporté en la maison, sa mere luy ayant dit de faire ce qu'il avoit dit, d'embrasser son Pere, il courut à luy, & l'embrassa avec la mème facilité, comme si jamais il n'avoit eu de mal. C'est ce que tous deux, le pere & la Mere ont jurés étre vray, & attesté devant le Tabellion susd. & les témoins denommés dans l'act qui en fut dressé.

Un Miracle fameux & qui fait voire que la Medecine n'a point de secret qui vaille ce que peuvent les intercessions de Marie Mere de Dieu, auprès de son Cher Fils. c'est celuy qui est arrivé en la persône de la Damoiselle Odile Thirion agée d'environ cinquante-huit ans, femme du sieur Gabriel Gabriel Commissaire d'Artillerie, pour le service du Roy tres-Chretie, & Officier Bout-avant en la Saline de Moyenvic, lieu de leur residence. Cette femme fut attaquée d'une fievre continue le 17. d'Aoust de l'an 1666. qui luy dura jusqu'au 21. de Septembre, accompagnée d'un flux de sang, ce qui la reduisit à la derniere foiblesse, & se trouva durant treize heures sans parole, & sans aucun mouvement, pendant ce temps, les Medecins hors de toute esperance, cedant la place aux Prêtres, & les Remedes aux Sacrements, on luy donna l'Extreme-Onction, comme à une femme malade, sur laquelle on ne comptoit plus rien, de vray on ne pensoit plus qu'a la voire expirer. Parmis les marques

Femme à Moyévic guérie d'une maladie desesperée.

si évidentes d'une mort qui sembloit infaillible, son fils aîné Henry Gabriel, & Luce Gabriel sa fille, conservant un reste d'esperance au pouvoir de Marie, luy voüerent leur mere, & luy promirent s'il luy plaisoit de luy rendre la santé, de venir sur le mont de Sion, luy témoigner de leurs mieux, qu'ils luy en seroiét à elle seule redevables; en un moment les signes de mort se changerent en de meilleurs augures, & celle-cy qui s'étoit approchée se retira dez qu'elle sentit que la main de la sainte Vierge s'étendoit pour arrêter ses coups. La parole revint à la malade, ses douleurs cesserent, & en peu de jours, elle se trouva toute forte & en parfaite santé. C'est ce qui parût aux yeux de Messire Gaultier Curé de Moyenvic, de Jotrud Chapelain au même lieu, du P. Ange, Vicaire au Convent des P. Cordeliers de Vic, de deux Capucins, & de beaucoup d'autres personnes, qui estoient là presents; cette faveur si signalée obligea cette femme revenuë d'une telle extremité, d'en venir remercier la sainte Vierge à Sion, c'est ce qu'elle fit avec sa famille le jour de sa Presentation au Temple, au mois de Novembre suivant, de l'année susdite, ce qu'elle affirma ensuite le 25. du même mois pardevant Virion Tabellion en l'Evêché de Metz, & les Sieurs Curés & Chapelains susdits, le Pere Ange Cordelier, Hocquart, Sacristain audit Moyenvic,

Jean le Cler Apoticaire, l'Allemand Chirurgien, & toute sa famille & autres témoins.

L'année suivante qui fut 1667. le 23. Juillet, un Bourgeois de Nommeny nommé Jean Touvenin, âgé de 72. ans vint rendre ses vœux & actions de graces à nôtre Dame de Sion, pour un secours qu'il avoit receu de sa misericorde en l'invoquant en son besoin. Il avoit esté grievement malade d'une enflure qui suivit une autre maladie qui l'avoit precedée, elle parut par tout le corps, & luy causa de fort grandes douleurs, il fut en cet état abandonné des Medecins, qui ne crurent pas, qu'il fut en leur pouvoir de le guerir aprés beaucoup de remedes inutilement employés; mais comme le desir de la vie ne nous abandonne jamais, quelques vieux que nous soyons, que quand nous la perdons, & qu'on espere toûjours, quand on est condamné que de la bouche des Medecins; ce pauvre affligé appella de leur Sentence, & conjura Marie de vouloir être son Advocate, luy promettant de venir reconnoître cette grace qu'il luy demandoit, en son Eglise de Sion, sa priere fut exaucée, son enflure se dissipa, ses douleurs finirent, & fut en peu de temps en estat de venir satisfaire à sa promesse sur la sainte montagne, ou il laissa sa deposition signée de sa main, en presence des Religieux, & qui fut receüe par le Superieur du Convent, les jour & an susdits.

un homme gueri d'une enflure à Nommeny.

Maladie desespe- rée gue- rie à Nancy.

Le sieur Boucaut Marchand, Bourgeois à Nancy & la Dame Catherine Salué sa femme ont aussi deposé par devant Maître Dominique Pierre cy-devant Tabellion audit Nancy & les témoins denommés, que ladite Catherine Salué ayant esté griefvement malade en l'an 1676. & reduite á telle extremité qu'elle fut abandonnée des Medecins qui perdirent toute esperance de pouvoir la retablir, elle auroit profité de quelques favorables moments que Dieu luy donna, pendant qu'elle fut plusieurs jours sans cónoissance pour invoquer le secours de la sainte Vierge, luy promettant, qu'elle feroit le pelerinage de Sion pour l'en remercier, & y laisseroit un Tableau, ou toute leur famille seroit representée, prosternée à ses pieds & qu'à peine eut elle finit sa priere, elle se trouva tout à coup hors de danger, au grand étonnement des Medecins qui declarerent que la chose ne s'étoit pû faire sans miracle. La même a aussi dit, & declaré qu'elle se tenoit redevable de la Benediction qu'elle avoit receuë de Dieu sur son Mariage, à l'intercession de Marie sa sainte Mere, sur ce qu'yant esté plusieurs année sans enfants, elle fut en pelerinaà nôtre Dame de Sion, & pria la Sainte Vierge de luy en obtenir, promettant que le premier qu'elle auroit, elle luy feroit porter le nom de Marie, si c'estoit une fille, sur quoy elle fut favorablement exaucée. De tout quoy son mary & elle firent dresser act pour certifier les choses susd. y contenuës être tres veritables, ce qu'ils ont signés en presence du Tabellion susdit, & le sieur Tourtel Apoticaire major en l'Hopital saint Charle à Nancy, & Nicolas Poirson Marchand audit Nancy tèmoins.

Monsieur le Prince de Lixhem, de l'Illustre Maison de Grimaldi, ayant eu l'honneur d'entrer en l'Ailliance de la Maison de Lorraine, en épousant Henriette de Lorraine Princesse de Phaltzbourg & de Lixheim, ne crut pas avoir assés fait pour sa gloire, s'il ne prenoit encor part en la devotion de cette maison envers la sainte Vierge. Les mouvemeuts luy en furent inspirés par les exemples de Charles IV. qui parurent à ses yeux, l'ayant toûjours fidellement accompagné en tous les voyages qu'il fit depuis son retour en ses Etats, sur la montagne de Sion, il donna des demonstrations de son Zele pour la gloire de cette Vierge, par les Dons qu'il luy fit, entre lesquels se trouve un tres-bel Encensoire d'argent, aussi la trouva t'il toûjours favorable en ses besoins, côme il eut lieu de s'en appercevoir en un peril evident de mort, ou une maladie le reduisit, on ne negligea rien pour l'en garentir, les plus habiles Medecins y travaillerent, & ayant reconnu qu'ils le faisoient en vain, ils perdirent toute esperance d'en pouvoir venir à bout. Ce Prince en cette extremité, ne comptant plus

Le Prince de Lixheim guery miraculeusement.

sur les remedes humains, eut recours aux Divins, il en receut si à propos de la main de Marie, qu'ils le sauverent d'une mort inevitable, ainsi Marie fit voir qu'elle n'est point ingrate envers ceux qui l'honorent; qu'il est vray ce qu'elle nous dit en l'Ecriture, qu'elle aime ceux qui l'aiment, & que ses mains seront tousjours ouvertes pour cōbler de graces & de bien-faicts ceux, qui après l'avoir servie, l'invoqueront en leurs necessités.

Mōsieur le Marquis de Moï. Henry de Lorraine, Marquis de Moï en fit l'épreuve. Ce Prince dans un grand âge & beaucoup de foiblesse fut attaqué d'une facheuse maladie, & qui dura longtemps. Il jugea par ces circonstances qui l'accompagnoient qu'il n'en pouvoit pas revenir, notamment depuis que la Cangraine eut obligé ses Medecins à faire retrancher une partie de sa Chair pour tenter de sauver l'autre; en cet état il recourut à Marie, de laqu'elle il avoit souvent visité l'Image sur le mont de Sion, & ce ne fut pas pour luy demander la guerison de son mal, qu'elle auroit pû aisement luy obtenir, quelqu'extrême qu'il fut; mais bien la grace de pouvoir le rendre utile au Salut de son Ame qui le tenoit plus à cœur, que toutes les douleurs qu'il souffroit, & pour d'ailleurs luy faire accepter la mort, (qu'il voyoit biē luy être inevitable) avec toute la soumission qu'il devoit à celuy qui y a assujetti les Princes, aussi-bien que les Bergers. Il luy écrivit une lettre en cette disposition, qui luy marquoit ces choses. Elle est gardée dans les Archives du Convent de Sion, la datte est du 26. de Janvier de l'an 1672. & le dessus en ces termes, qui font voir comme il estoit persuadé que cette sainte Vierge est la Protectrice & le Refuge ordinaire des Princes de sa Maison, & de tous leurs sujets. *Deiparæ à monte Sion Lotharingiæ Principum, & subditorum omnium protectrici, & parenti optimæ*, & au bas on y voyoit ces mots, *servus humillimus, atque amantissimus cliens Henricus à Lotharingiâ.*

Marie fit reponse à cette lettre en luy accordant ce qu'il luy avoit demandé qui fut quelque chose de plus miraculeux que si elle avoit fait entierement cesser les douleurs qui le travailloient, qui fut de luy obtenir de son Fils la grace de souffrir avec merite, ce qu'il enduroit avec necessité. Il est rare de voir la patience chez les grands, ce n'est pas leur vertu, c'est celle des miserables, elle loge plus ordinairement dans les Hopitaux, que dans les maisons des Princes; & on vit cette rigoureuse vertu briller extraordinairement en ce Prince depuis que la Sacrée Vierge la luy eut obtenu. Les Princes regardent la mort avec frayeur, elle étonne, & abbas les plus asseurés, & celuy-cy envisagea la sienne qui venoit lentement avec un courage intrepidé, & la receut avec la soumission qu'il devoit à celuy qui a dit en l'Ecriture, aux personnes de son rang, *Vos autem sicut homines moriemini* vous autres Princes, vous vivez sur terre comme des Dieux, & vous y mourés comme des hommes. Ce furent là les miracles que fit la sainte Vierge en faveur de ce Prince selon les desirs de son cœur.

Il faudroit un nouveau volume, ou grossir extraordinairement celuy-cy pour raconter toutes les autres graces accordées par Marie, à ceux & à celles qui l'ont invoqué, & qui dans leurs besoins se sont voüés à elle, en ce saint lieu de Sion, je marquerois, si j'en voulois faire le recit un grand nombre de Benedictions, qu'elle a versé sur des mariages que la sterilité empêchoit d'être heureux par la fecondité qu'elle y a obtenu, je ferois voir beaucoup de femmes qui ont été delivrées des perils evidents de leurs couches en invoquant cette Vierge, laquelle ayant conceu le Verbe de Dieu, par la Foy de l'esprit, l'a produit au monde sans ressentir les peines, & les douleurs de la chair. Je cotterois quantité de meres, qui estoient au hazard de ne l'estre qu'à moitié pour ne pouvoir allaiter les enfants qu'elles avoient mis au monde, si cette Divine Mere n'avoit miraculeusemen rempli leurs Mamelles steriles du laict qui leurs étoit necessaire pour l'achevement de leur maternité ; mais je crois en avoir assés dit, pour faire voir l'endroit ou se trouve le remede general à tous les maux qui peuvent nous affliger en cette vie, & qu'il n'en est point, de quelque qualité qu'il puisse estre, dont la guerison ne se trouve sur le mont de Sion, aux pieds de la sainte Image qui y est reverée par la vertu que Marie y a attachée, qui y est comme un Baume universel à toutes nos infirmités.

CHAPITRE XXIX.

Autres graces accordées par Marie sur le Saint Mont de Sion, beaucoup plus importantes que celles qui regardent la guerison des maladies du Corps.

CE seroit juger desavantageusement du pouvoir de la Mere de Dieu, de croire qu'il ne faut l'employer que pour les interrêts du corps, & que se trouvant borné en la guerison des maladies qui affligent cette partie animale en cette vie, en vain le reclameroit-on pour les infirmités de la meilleure partie de nous-même, qui est l'Ame. Croyons bien seurement que cette souveraine Medecine, porte ses remedes jusque la, & qu'il n'y à nulle espece de maux, qu'elle ne soit en état de guerir en l'esprit, aussi bien qu'en la chair; & comme il n'y à point de comparaison a faire, des maladies de celle-cy, pour quelques griefves qu'elles puissent être, avec celles de l'ame, si l'interrêt de nôtre salut nous étoit aussi cher que la vie, & la santé du corps, il est certain qu'on nous verroit bien plus souvët recourir aux Autels de Marie, pour être delivrez de ces maux qui conduisent à la mort éternelle, que pour être soulagé par son aide en nos infirmités corporelles, qui servent pour l'ordinaire de remede à nos ames. Mais la plus-part des hommes étant moins sensibles à ces premieres infirmités qu'aux secondes, c'est ce qui fait que preferant la santé à la sainteté, & faisant plus de cas du corps que de l'esprit, ils ont si peu d'emulation à rechercher des remedes aux playes mortelles que leurs cause le peché, & tant d'ardeur pour en trouver d'utils à la guerison des blessures & des maladies de la chair. Jugez si ce n'est pas la une injustice tout a fait blamable en leur conduite qui fait bien voire qu'ils ne connoissent pas leur veritable interrêt, puis qu'elle leurs fait ainsi preferer le recouvrement d'un bien, dont il faudra qu'ils souffrent quelque jour necessairemët une seconde perte de la grace de celuy qui leurs assureroit une eternité bien heureuse.

J'advoüe que ce desordre n'est pas universellement en tous les hommes, qu'il y en à quelques uns qui sçachant mettre le juste discernement qui doit être entre les deux substances dont ils sont composés, se chagrinent davantage de voire la plus notable tombée en quelque infirmité, que celle dont la mort fera un jour la dissolution, & le tombeau sa proye, en ce cas on les voit recourir à Marie pour trouver chez elle le remede aux blessures que le peché leurs a fait, plus soigneusement que pour en impetrer le retablissement de quelqu'un de leurs membres disloquez, & ou pouroit on aussi en trouver de cette nature plus seurement qu'en cette Mere de misericorde, n'est-elle pas le refuge des pecheurs! l'azile des ames criminelles, & le salut des infirmes ? ce sót les belles qualités que l'Eglise luy attribue en ses saintes Litanies qu'elle nous fait chanter à sa gloire & ce n'a esté que pour les exercer que la Souveraine dignité de M. de Dieu luy à esté donnée, en sorte qu'elle n'a pas plus de joye que lors qu'elle trouve lieu à le faire, employát le credit desó intercessió, pour nous obtenir de son F. les graces necessaires à guerir nos maladies interieures, & à rendre une parfaite santé à nos ames par un S. usage qu'elle nous fait faire des Sacrements qui sont destines pour produire cet effet; & sur tout quand elle en est humblement supliée aux pieds de quelqu'une de ses Images qu'elle nous à donné pour être les signes de ses misericordes, & les instruments de ses graces faveurs,

C'est ce qu'un grand nombre de personnes de toutes conditions qui sont venu l'en conjurer devant celle qui est reverée au Temple de Sion, seroient en estat de publier à sa gloire, si ces sortes de miracles qui se font au dedans avoient l'avantage de pouvoir être manifestés comme ceux que la vertu de sa main opere tous les jours au dehors, nous verrions en ce cas beaucoup de Paralitiques gueris du funeste engourdissement que leurs pechès avoient fait couler en toutes leurs facultès, beaucoup de consciences poûries & cangrenées par de longues habitudes dans le vice, delivrées miraculeusement de leur corruption, beaucoup d'aveugles d'esprit eclairés par les irradiations de cette charmante aurore, qui a enfanté celuy qui éclaire tout homme qui vient au monde, grand nombre d'oreilles ouvertes à la voix du Seigneur, qui ne l'estoient auparavant qu'aux mauvaises paroles, & qu'à la medisance, des langues, rappellées à un meilleur usage de la parole, que celuy qui les avoit profanées par des discours impurs; enfin nous verrions beaucoup de pécheurs blessés à mort, par les armes d'une infinité de vice de toute espece, retablis en parfaite guerison par l'operation des remedes interieurs de cette excellente Medecine.

Ces miracles se font faits depuis longtemps, & se font encor tous les jours en l'Eglise de saint mont de Sion, & bien qu'à la verité ils ne soient pas connus sensiblement aux hommes ainsi que je l'ay dit, n'estant pas de la nature de ceux qui sont verifiés par la deposition des temoins, les Anges seuls les voyant, d'ou ils tirent un accroissement de joye en l'estat de leur Beatidude comme le dit le Sauveur, ils ne laissent pas d'estre bien certains, & du nombre des plus celebres & des plus importants de ceux qui se font en ce lieu, & pour lesquels on est sans doute incomparablement plus redevable à Marie, que pour tous ceux qui regardent le corps, & qui se terminent en la guerison des infirmités de la chair.

Mais j'adjouteray encore quelque chose qui ne sera pas moins avantageux a la gloire de cette Vierge, qui est qu'elle joint à ses guerisons miraculeuses de nos ames, quand elle en est priée, la victoire des passions, dont le trouble, & les agitations les rendent ainsi malades, par la proximité qu'il y a entre elles & le peché qui est tel que saint Paul les exprime sous ce nom de peché, comme si c'estoit la même chose, & qu'il y ait peu à dire à estre dans la passion, & se trouver dans le peché ; un habile Medecin en use de cette façon, il ne gueri pas seulemēt les maladies encouruës, mais il preserve encore d'y tomber ceux qui sont en danger de le faire ; c'est ce que fait nôtre sçavante Medecine en faveur de ceux qui implorent son secours à cet égard, elle les guerit interieurement des maux qui les travaillent, elle applique des remedes efficaces sur toutes leurs cicatrices, elle les retire d'entre les mains de la mort, & par l'usage d'un favorable antidot, elle les preserve de tomber en ces facheuses extremités, en leur faisant largesse des graces que son Fils nous a merité par les playes qu'il a souffert pour nous, & qu'il a remises à sa disposition, lesquelles les rendant les vainqueurs de leurs passions & établissant chez eux des vertus qui leurs sont opposées & propres à les dôpter, les garantissent des blessures de la mort du peché.

Je diray icy, pour que cette Vierge en reçoive de la gloire, que plusieurs personnes sans se faire connoitre ont confidemment revelé à leur Confesseur sur le mont de Sion, qu'elles luy étoient en effet redevables, de ce que quelques unes avoient par son secours vaincu en beaucoup d'occasions les mouvements de leurs concupiscences, qui les avoient souvent engagé en des choses dont elles avoient eu à rougir devant Dieu. Que d'autres avec la même assistance de cette Vierge, étoient venuës à bout d'arrêter chez elles les saillies de leurs emportements qui les rendoient facheuses à elles mêmes, & intollerables aux autres; & que quelques autres enfin
c'estoient

s'étoient avec le même secours heureusement défaits, des attachemens criminels où la cupidité les avoit engagés, & apprises à abbaisser les hauteurs de leur orgueil, pour donner place en leurs cœurs aux sentimens de l'humilité Chrêtienne, tant il est vray, que rien n'est en état de resister à l'efficacité des remedes qui sont presentés par la main de cette Vierge, que tout fléchit soubs sa Vertu divine, & que ce sera toûjours nôtre faute si elle ne fait pas de plus grands miracles en nos ames, que tous ceux qu'elle peut operer en nos corps. C'est au Lecteur à considerer maintenant sur tout ce que je viens d'écrire en ce Chapitre, ce qu'il y a à demander preferablement a Marie, & si (sans condamner ceux qui ont recours à elle dans leurs necessités corporelles,) il ne sera pas toûjours plus avantageux de se faire pour les spirituelles, attendu que ces premieres infirmités sont en état de faire habiter la vertu de Jesus-Christ en nous, ce qui donnoit occasió à saint Paul de s'en glorifier, & qu'il est vray de dire, qu'elles peuvent par leurs souffrances nous rendre dignes de la vie éternelle, & qu'au contraire celles de l'ame n'ont point d'autre fin que la mort éternelle.

CHAPITRE XXX.

Methode qui apprend à bien faire le Pelerinage de Sion.

S'Il y a quelque chose à deplorer dans le Christianisme, c'est sans doute de voir si peu d'ames, tirer profit des plus saintes pratiques qui y sont en usage, & avancer si peu à se santifier par tant de favorables moyens qui y sont établis pour produire cet effet, il faut mettre au nombre de ces moyens, les Pelerinages que la Religion à si saintement institué, & qui apportent neantmoins si peu d'utilité à ceux qui les pratiquent: La raison, c'est parce qu'on ne les fait ordinairement que par coûtume, que la devotion les suggere raremens, & qu'on ne regarde rien moins en les entreprenant, que les fins pour lesquelles ils sont institués, il y en à de deux sortes, une generalle & quelques particulieres.

La fin generale que les Chrêtiens doivent se proposer en leurs Pelerinages, c'est d'honorer Jesus-Christ en son état de Voyageur, qui le rendit autrefois Pelerin en ce monde, lors que quittant les états de sa gloire, il vient exprés pour y rechercher les errants, & les remettre dans les voyes du salut, cela ce fait, lors que l'on se propose d'imiter les peines & des fatigues des courses qu'il à fait, pour en etouffant chez nous les passions de la chair, qui est le lieu de nôtre bannissement, & en y expiant les crimes que nous y avons commis, par les austerités des Pelerinages, sortir mieux de nous mêmes, & en honorant ainsi le Sauveur par ce genre de vertu, nous approcher de Dieu, lequel comme il est la source de nôtre être, doit être aussi l'heureux terme où nous devons aboutir, pour y trouver le repos, & la fin de tous nos mouvements, & c'est bien la aussi ce que le saint Apôtre nous à voulu apprendre, quand il nous dit qu'il faut que nous nous appliquions à glorifier Dieu, non seulement par les actions de l'esprit, mais encor par celles du corps, en luy faisant porter tout au tour de soy la mortification de Jesus-Christ, ainsi que luy même le pratiquoit lors que vivant encor dans un corps mortel, il se vantoit de ne plus marcher selon la chair, & quand il disoit ces paroles aux Corinthiens, quand à moy, je cours, non pas comme un fol qui ne regarde pas le but ou il doit viser, mais je châtie mon corps & le reduis en servitude, de peur qu'aprés avoir presché les autres, je ne sois mis au rang des reprouvés. Ce qui nous fait voir que c'est courir dans le chemin du Ciel, que de châtier son corps selon le sentiment de ce celebre Docteur des Gentils; & c'est ce qui doit être soigneusement observé en nos pelerinages, nous proposant d'y honorer Jesus-Christ par une fidelle imitation des peines qui ont accōpagné les siennes.

Si cela ne se fait pas, c'est à dire, si nous ne nous proposons pas ce dessein, de mortifier en nous ce qu'il y a de déreglé, d'étouffer en nôtre chair les passions qui y regnent, & qui nous empêchent d'arriver à Dieu, pour nous y unir parfaitement dans les pelerinages que nous entreprenons, & si nous n'en retournons pas plus humbles, plus chastes, plus sobres, & plus mortifiés, comptons les pour perdus, & que de tous les pas que nous avons fait, pas un ne nous à fait avancer dans les routtes du Ciel; Helas! qu'il est rare de trouver aujourd'huy des Chrêtiens, qui en tous ceux qu'ils font occupent leurs esprits de ces saintes pensées, la plus part en font leurs divertissement, les jeunes gens, ne lient pour l'ordinaire le party de ces Voyages de devotion, que pour y goûter les plaisirs de la compagnie de ceux & celles qui y entrent, & pour donner lieu à la dissolution, ne voit on pas souvent les deux sexes convenir par ensemble de la visite des saints lieux, pour donner un pretexte à de mauvais desseins, en faire les chemins en chantant, & s'en retourner en dansant, Helas ! peut on être ennemis de son salut jusques à faire servir en cette sorte ce qu'il y à de plus saint à l'execution du crime ? l'abomination peut elle aller plus loin, qu'a employer ainsi les Temples de Jesus, & les Oratoires de Marie sa sainte Mere à la profanation ? & jusque à vouloir que cette Vierge, quand on fait semblant de chercher à l'honorer en ses Sanctuaires entre dans la confidence d'un commerce impudique.

Apprenés ô Chrêtiens ? si toute-fois vous étes encor dignes de ce nom, que vous ne sçauriés combatre plus directement l'esprit de la grace, que par ces Voyages criminels, & que comme ils sont infiniment éloignés de la sainteté de ceux de Jesus-Christ que vous profanés au lieu de les honorer en les imitant, vous serés contraints de dire quelque jour avec les impies, mais trop tard comme eux, qu'en changeant ainsi les voyes de la vertu en celles du vice, & de l'iniquité, vous vous y serés lassés, & qu'elles vous auront enfin conduît dans les routtes de la perdition.

Mais ce n'est pas la la seule fin qu'il faut se proposer dans les Pelerinages, que d'y vouloir honorer Jesus-Christ dans son état de Voyageur, par l'imitation de ses peines, pour ainsi dans nos courses lui rendre en quelque maniere, par raport à celles qu'il à dans les siennes souffert dans sa Chair ; Il y en à d'autres particulieres, qui regardent specialement les visites que l'on rend à Marie dans ses Temples, qui demandent d'autres dispositions chez nous, & desquelles il faut necessairement se munir, pour en acquittant nos devoirs donner d'heureux succés à nos desseins. Remarquons les s'il vous plaît avec attention pour donner occasion aux devots Pelerins à bien faire le Pelerinage de Sion, Il doit être entrepris, ou pour y honorer purement la Sainte Vierge en un lieu où elle s'est attenduë à recevoir les respects des fidels, il faut le faire, avec toute l'application que demande cet œuvre; ou pour remercier cette Mere de misericorde de quelque bien fait receu de sa liberalité; il faut s'en acquitter d'une maniere qui luy soit agréable; ou c'est enfin pour luy demander quelque grace pour l'ame, ou pour le corps, il faut soigneusement observer, ce qui peut nous la faire favorablement obtenir.

Si le pur honneur de Marie vous tire de vos maisons, pour venir luy rendre vos respects en son St. Temple de Sion, faites le avec toute l'application possible, ne vous proposés pas d'autre motif que celuy cy, il n'est que trop suffisant pour vous occuper tout entier, ne souffrés pas que vos esprits se laissent gagner à la distraction en une action aussi relevée que celle cy, & encore moins vos cœurs à d'autres affections, que celles que vous devés à ses incomparables merites, afin qu'aucune autre creature ne partage avec elle, les fruits de vôtre devotion, & que rien ne vous empêche de vous presenter tel, qu'elle vous desire aux pieds de son Autel.

Arrivés la, prosternés vous humblement devant elle, & dites luy. Vierge Sainte! Souveraine Princesse du Ciel & de la Terre, Mere de Dieu, Reine des Anges & des Hommes, que pourray je faire pour vous marquer icy la passion que j'aurois de vous rendre des honneurs dignes de vous, si j'en étois capable ? j'ay monté icy exprés pour en acquitter le devoir, mais il ne m'arrivera jamais de pouvoir le remplir parfaitement, vous êtes trop éminente, & moy trop ravalé, vos merites sont trop grands, & il y a trop de bassesse chez moy, pour que je puisse être en état de vous glorifier dignement; j'avoüe que vous rêtrecissés vos grandeurs en ce petit Sanctuaire, que vous y voilés les divines clartés de vôtre face, pour ne pas éblouïr les yeux de ceux qui vous approchent, & que par affectation vous y mettés à couvert les rayons de vôtre gloire, soubs le signe d'une Image de Pierre pour en ce cas vous proportionner ce semble à mon insuffisance, mais le fond est tel chez vous, que la verité me l'apprend, & si je vois peu icy avec les yeux du corps, ceux que la foy m'a donné me font voir en vous des grâdeurs infinies des sublimités sans égalles, des hauteurs ineffables, lesquelles par ces raisons me mettront toûjours hors d'état de pouvoir vous honorer autant que vous le merités; ainsi quand je paroistrois en ce St. lieu avec les mêmes respects que toute la Cour celeste vous marque dans le Ciel, que j'aurois en la bouche des loüanges semblables à celles que les esprits Angeliques chantent incessamment à vôtre gloire, & que je brûlerois de ce zele qui les enflamme pour les interests de vos divins honneurs je n'arriverois pas à vous en presenter de justes, & de proportionnées à vos grandeurs; que feray-je donc pour l'execution du dessein qui m'a amené icy? rien de mieux que d'y garder un respectueux silence, sur ce qui surpasse en vous les esprits les plus forts, & les plus penetrants, & qui rend muettes les langues les plus disertes, le silence étant la loüange que l'on donne à Dieu à Sion, pour raison de l'ineffabilité de ses perfections adorables; il faut le garder à vôtre égard en ce lieu qui porte le même nom, veu que la creature ne sçauroit mieux faire paroistre ce qu'elle sent de ce qu'elle cônoit, que par l'admiration.

Si une seconde raison vous ameine sur la sainte Montagne pour y remercier Marie de quelques graces que vous avés receu de ses mains liberalles, entrés dans le Temple de cette bienfaictrice penetré de tous les sentiments de reconnoissance dont vous serés capables, marqués luy vos obligations sur le bien qui vous est venu de sa part, asûrés la que jamais vous n'en serés ingrat, que le meilleur usage que vous voulez en retirer, c'est de le faire servir à la gloire de son nom, & comme on ne peut mieux reconnoître les dôs que nous avons receu, que par un retour d'autres dons mutuels faits à ceux qui nous ont prevenu par les leurs. Presentés luy vos cœurs embrasez du feu de son Sr. amour, sacrifiés les luy comme autant de Victimes consacrées à sa gloire, devoüés vous entierement à son service, faites vœu devant le Thrône de sa Majesté d'un perpetuel esclavage, pour n'être qu'à son Fils & à elle, & sçachés que ce present luy sera beaucoup plus aggreable que tout ce que vous pourriés appendre de plus rare & de plus pretieux en son Temple; en effet, les Lampes, les Cœurs d'Or & d'Argent, & les riches Ornements dont on pare ses Autels, luy sont moins chers que nous même, elle pretend bien que l'on luy offre ces choses, quand elles ont fait la matiere de nos vœux, mais luy étant inutiles, & étant au plus les signes de nôtre servitude il faut luy en donner de meilleures marques, en nous donnant nous même entierement à elle.

Et enfin si pour une troisième, vous venés à elle pour luy demander quelque faveur, observés fidellement ce qui peut vous faire meriter l'effet de vos desirs, vous ne trouverés nullement à les remplir qu'en elle, elle est la Celeste Tresoriere des richesses du Ciel & de la Terre, la sage dipensatrice de toutes graces, c'est elle qui les fait pleuvoir en nos ames, pour les sanctifier, & leurs servir d'ornements, c'est elle qui distille sans cesse le Miel des cõsolations celestes, dont elle adoucit les maux de la nature. Le Pere Eternel qui nous à tout donné, dit l'Apôtre, en nous donnant son Fils, ne pretend pas que nous recevions, ny son Fils, ny toutes choses avec luy, que par les mains de sa Mere, son Fils même ne luy à consigné la plenitude de ses graces, & de ses vertus, non plus que son divin Epoux, les dons desquels il est l'autheur & la source originelle que pour en faire largesse, ainsi il faut venir vers elle pour recevoir toutes choses; il n'est point d'espece de bienfait, dont elle ne soit en état de faire communication, ou de nous les impetrer par voye de supplication, elle peut avec le moindre éclat de ses brillantes lumieres dontelle est couronnée, dissiper nos tenebres, les chaînes dont le peché peut nous avoir garotté ne resisteront pas aux efforts de ses mains, nos passions toutes farouches qu'elles puissent être, seront aisement surmontées par son secours, toutes les Vertus s'écouleront chez nous en nous ouvrant son sein, il n'y aura point de maladie qui ne fuye devant elle, point de blessure qui resiste à l'excellence de ses Baûmes, mais il faut venir solliciter ses dons aux pieds de sa Ste. Image, qu'elle à exprés rendu miraculeuse pour être l'instrument de ses misericordes, il faut les demander avec empressement, ne pas se lasser ne le faisant, les attendre avec confiance, & croire qu'elle ne nous les refusera pas si elle voit que nous ne les demandons que pour les faire servir à l'agrandissement de la gloire de son Fils & de la sienne.

Voila cher Pelerin la methode que vous devés observer pour ne pas courre en vain en l'accomplissement de vos pelerinages, ce sont la les fins que vous vous devés proposer, & les manieres, dont vous devés en user pour y pouvoir atteindre, au reste ne vous retirés pas du Temple de Marie sans luy avoir marqué que ce seroit vôtre bonheur d'y consommer vôtre vie, & de vous y voir destiné pour luy rendre les humbles services qu'elle y reçoit de tous ses domestiques, & dittes luy que puis que cela ne se peut par la qualité de la condition ou la providence vous à attaché, en vous éloignant de corps, vous y laissé vôtre cœur, qu'elle s'est si legitememét acquis par tant de graces que vous en avés receu, & que vous esperés d'en recevoir, priés la d'être vôtre guide en vôtre retour, & de diriger desormais si saintement vos pas, qu'il ne vous arrive plus de les écarter de la voye du salut, qui vous conduira à l'heureux terme apres lequel vous devés continuellement soûpirer qui est de la voir dans l'état de sa gloire. Ainsi soit-il.

www.ingramcontent.com/pod-product-compliance
Lightning Source LLC
Chambersburg PA
CBHW050332170426
43200CB00009BA/1557